Todos los libros de Linkgua Ediciones cuentan con modelos de Inteligencia Artificial entrenados por hispanistas. Pregúntale al chat de tu libro lo que desees acerca de la obra o su autor/a.

Para ebooks: Accede a nuestro modelo de IA a través de un enlace.

Para libros impresos: Escanea el código QR de la portada con tu dispositivo móvil.

Obtén análisis detallados de nuestros libros, resúmenes, respuestas a tus preguntas y accede a nuestras ediciones críticas generativas para una experiencia de lectura más enriquecedora.
La transparencia y el respeto hacia la autoría de las fuentes utilizadas son distintivos básicos de nuestro proyecto. Por ello, las respuestas ofrecen, mediante un sistema de citas, las fuentes con las que han sido elaboradas.

Justo Arosemena

El Estado Federal de Panamá

Barcelona 2025
Linkgua-ediciones.com

Créditos

Título original: El Estado Federal de Panamá.

e-mail: info@linkgua.com

Diseño de cubierta: Red ediciones S.L.

ISBN rústica ilustrada: 978-84-9007-494-7.
ISBN tapa dura: 978-84-1126-088-6.
ISBN ebook: 978-84-9007-654-5.

Sumario

Brevísima presentación

La vida

Justo Arosemena (1817-1896), jurista y sociólogo. Panamá. En 1855 fue designado primer gobernador del Estado Federal de Panamá y en 1863 fue presidente de la Convención Nacional de Río Negro en la que Colombia se transformó en una confederación de Estados Soberanos. Entre sus obras destaca el *Código Administrativo del Estado Federal de Panamá*. En 1865 Arosemena trabajó en el servicio exterior de Panamá en Washington, fue además embajador de Panamá en Chile, diputado a la Asamblea Legislativa de Panamá y senador en el Congreso de Colombia, ministro residente de Colombia en Gran Bretaña, embajador extraordinario y plenipotenciario en Inglaterra y Francia en 1872, intermediario en el arreglo fronterizo entre Colombia y Venezuela en 1880 y abogado consultor de la Compañía del Ferrocarril de Panamá en 1888.

Arosemena negoció las condiciones en que Colombia autorizó a los Estados Unidos la construcción del canal de Panamá. En 1878 propició la fundación de la primera Biblioteca Pública de Panamá. Tras el incendio de Colón de 1885 y la intervención militar norteamericana, que promulgó la *Constitución de 1886*, Arosemena se retiró de la actividad pública y se dedicó al ejercicio de la abogacía hasta su muerte a los setenta y ocho años en la ciudad de Colón, el 23 de febrero de 1896.

La edición. Rodrigo Miró Grimaldo

El Estado Federal de Panamá, la conocida obra de Justo Arosemena, apareció, con humildísimo ropaje, en la ciudad de Bogotá y en el año 1855. Dada la importancia del magistral ensayo era de esperarse su reproducción. Y durante la República se han hecho seis reediciones —sin contar una mimeografiada para uso de un grupo de estudiantes de la Universidad—, si bien nunca con la dignidad que merece. Inició la tarea don Guillermo Andreve, en su benemérita *Biblioteca de Cultura Nacional*, números 4 y 5 de 15 y 30 de junio de 1918; se incorporó luego al volumen de *Documentos sobre la Independencia del Istmo*, editado por el Instituto Nacional en 1930 y preparado por don Ernesto J. Castillero R. en las condiciones que él explica; volvió a publicarse en el número 15 del *Boletín de la Academia Panameña de la Historia*, de octubre de 1937, lo mismo que en el volumen número 23 de la Colección Panamericana ofrecida al público en 1954 por la editorial W. M. Jackson, de Buenos Aires, cuyo material seleccionó y prologó el doctor José de la Cruz Herrera; se reprodujo nuevamente por el doctor Carlos Manuel Gasteazero en el cuaderno inicial y único de la «Biblioteca Istmeña», en agosto de 1952, y, por último, se incluyó en el tomo de *Documentos Fundamentales para la Historia de la Nación Panameña* publicados por la Junta Nacional del Cincuentenario en 1953 y coleccionados por mí.

Para entonces, es decir, en 1953, me fue imposible localizar en Panamá un ejemplar de la edición príncipe de *El Estado Federal*. No quedó más recurso que utilizar la de Andreve, realizada sobre el texto de 1855. Ahora sabemos que todas las ediciones posteriores se hicieron apoyándose en esa primera reedición, es decir, que ninguna de las que siguieron a la de Andreve tuvo como fundamento la original. Y lo sabemos porque todas adolecen de una importante omisión. En efecto, el cuadernillo de 1855 complementa el texto de don Justo con un apéndice documental del mayor interés, apéndice siempre omitido en las reproducciones de que aquí se da cuenta. Se trata de tres escritos, así: a) un pronunciamiento de la Legislatura de Veraguas a la Representación Nacional, de 25 de septiembre de 1854, en favor de la creación del Estado Federal; b) un Certificado de don Santiago de la Guardia, senador de la República, quien en ese carácter «manifiesta que la Cámara de la provincia de Azuero en sus sesiones ordinarias de 1852, elevó al Senado un informe sobre la conveniencia de erigir un estado federal compuesto de las cuatro provincias del Istmo de Panamá» y c) un artículo aparecido en *El Panameño*, número 549, intitulado «El Estado del Istmo», obra del propio don Justo según Méndez Pereira donde se expresan temores por las modificaciones que el proyecto de creación del Estado había sufrido en el Senado y se alude a un opúsculo anterior de Arosemena sobre el mismo asunto. Termina el apéndice con unas notas explicativas del autor.

Durante una breve visita que hiciera a Bogotá en octubre de 1958 con el propósito de echar un vistazo a los fondos panameños de la sección de periódicos de la Biblioteca Nacional, hice microfotografiar un ejemplar de la edición príncipe del famoso opúsculo. La fotocopia que luego mandó sacar la Biblioteca de nuestra Universidad ofrece el texto que ahora se utiliza para esta nueva reproducción. Es, pues, la primera vez que se ofrece completa y utilizando el texto original. La Universidad realiza así un buen servicio.

I

Entre los males causados por el funesto levantamiento del 17 de abril, debemos contar la paralización de varios proyectos legislativos importantes, que seguían su curso en las Cámaras. Uno de esos proyectos es el de reforma constitucional, que erige el Estado de Panamá.

Después de aprobado por los senadores con una aceptación muy pocas veces vista en el Congreso, iba a pasarse a la Cámara de Representantes en el mismo día en que José María Melo, abusando de la fuerza puesta en sus manos para sostener la Constitución y los altos poderes nacionales, echó por tierra en la capital de la República esa misma Constitución y esos mismos poderes. El Congreso se disolvió de hecho, y sus miembros buscaron en la fuga seguridad para sus personas, y medio de empezar la grande obra de la restauración de las leyes, que tuvo fin glorioso el memorable 4 de diciembre.

A no ser por el atentado del 17 de abril, el acto reformatorio se habría discutido y aprobado en la Cámara de Representantes, y sancionado como parte de la Constitución, habría evitado a las provincias de Azuero y de Veraguas los graves conflictos en que se han encontrado por falta de un gobierno superior inmediato. La Providencia se complace, en su infinita bondad, en suministrar pruebas espléndidas de los asertos que la ciencia contiene, que la meditación sugiere, y que el amor a la patria anima a proferir cuando la duda, la rutina y el disculpable temor a grandes innovaciones, hacen más necesaria la demostración de la verdad. Así es como los acontecimientos de que he hecho mención, vinieron como a presentarse por sí mismos en calidad de poderoso ejemplo, del mismo modo que los sucesos de abril a diciembre, en toda la República, ocurrieron en apoyo de los que defendían lo peligroso e innecesario del ejército permanente.

Quiso el Congreso de Ibagué continuar la discusión del proyecto de Estado de Panamá; pero ni los espíritus se hallaban dispuestos a ocuparse en asuntos que no tendiesen inmediatamente a la destrucción del poder intruso, ni había probablemente en la Cámara de Representantes todo el cúmulo de informes necesarios para desvanecer algunas dudas que despertaba el debate. Lo cierto es que el proyecto, después de algunas modificaciones, se suspendió hasta la reunión ordinaria del presente año, y se mandó publicar por la imprenta.

Las modificaciones introducidas por la Cámara de Representantes me persuaden de que, o no se ha comprendido bien la idea cardinal del proyecto, o no hay fe completa en su justicia y conveniencia. La publicación ordenada no puede tener otro objeto que excitar a la discusión, y no vacilo en corresponder a ese llamamiento, cuando se trata de esclarecer una idea que concebí hace cuatro años, que he perseguido casi constantemente desde entonces, y en cuyo triunfo veo fincado el bienestar posible de la tierra de mi nacimiento.

No juzgo indispensables a mi objeto muchas de las consideraciones en que voy a entrar; pero ya que el asunto va a tratarse quizá por la última vez, quiero ensayar una demostración que lleve, si es posible, al ánimo de los otros, la profunda fe, la misma apreciación de la idea, que abriga el mío: fe y apreciación que no solo ahorrarían muchos momentos preciosos en el debate parlamentario, que no solo contribuirían al más pronto y feliz éxito del proyecto en discusión, sino que acaso podrían ayudar a la de otros análogos, que indudablemente ocuparán al Congreso de la Nueva Granada.

Para ello necesito pedir a mis lectores se sirvan disculpar algunas reflexiones históricas, poco amenas, pero muy conducentes, y que suspendan las deducciones a que se sientan inclinados, hasta el fin de este escrito, no sea que me atribuyan, aunque por un momento, ideas y propósitos que están lejos de mí.

Uno de los hechos más constantes en la historia antigua, es la tendencia de los pueblos a mantenerse constituidos en pequeñas nacionalidades, y este hecho nos llama tanto más la atención, cuanto que al leer esa historia vamos prevenidos en favor de las grandes naciones que conocemos en la actualidad. Se necesita empaparse de todos aquellos grandes rasgos de heroísmo, de amor a la patria y de otras raras virtudes, que nos muestran el Atica, Lacedemonia, Tebas, Roma en su principio, y otros muchos pueblos antiguos, para interesarnos en su favor, y para que la estimación y el respeto sucedan al sentimiento de compasión y despego, que habíamos concebido al echar en el mapa una ojeada sobre la superficie que ocupaban.

Y no se diga que esta limitación de territorio era efecto de la infancia de la humanidad; porque sin contar con la China, que desde luego se nos presenta grande como haciendo excepción al principio, pero cuya primitiva historia no nos es bastante conocida para fallar, tenemos que en épocas ya muy avanzadas se observa el mismo fenómeno. No hablemos si se quiere de Troya, ni de la Media, ni de la Asiria, ni de Fenicia, ni de Judea, si se cree que sus tiempos son demasiado remotos, y que como principio de la era civilizada del mundo, no pueden servir de suficiente ejemplo a mi aseveración. Vengamos a la Grecia, a Cartago, a Roma en tiempo de Numa, y a las colonias del Asia Menor: siempre veremos que una gran ciudad y sus contornos eran lo que más comúnmente formaba una nacionalidad.

Cuando tiene lugar una aglomeración voluntaria de pueblos con algún fin político, su objeto y su duración no son permanentes, y aun puede asegurarse que no son sino ligas transitorias, que terminan pasado su móvil principal. Así se observa en las dos confederaciones más notables de la antigüedad: la de los griegos antes de Alejandro, y la de las ciudades del Asia Menor. De resto, cuantas aglomeraciones de pueblos se ejecutan para constituir una gran nacionalidad, son el efecto de la conquista, de la violencia, y nunca de la voluntad deliberada de las partes componentes. El Imperio Griego bajo Alejandro, el Imperio Romano, y después los imperios de Oriente y Occidente, lo demuestran a no dejar duda: la fuerza o el engaño del déspota, la corrupción o el cansancio de los esclavos, como únicos o principales elementos de la política de entonces, adicionaban o sustraían por medio de la guerra o de la usurpación, al territorio de las naciones que esos mismos elementos habían formado de partes heterogéneas, discordantes y mal avenidas.

La invasión de los bárbaros del Norte, rompiendo aquellas artificiales ligaduras que el despotismo mantenía desde Constantinopla y desde Roma, disolvió las dos grandes masas de nombres en que la política de los Césares tenía dividido el mundo civilizado. Y cuando en la tenebrosa y larga noche que sucedió a la lucha de la barbarie y la civilización, se mezclaron y equilibraron las dos fuerzas; cuando la semicivilización que resultó de aquel caos volvió a dar vida política a las poblaciones ¿qué es lo que se ofrece a nuestra vista? ¿Son acaso inmensos agregados de seres humanos, unidos por la voluntad y la conveniencia, para formar grandes y respetables nacionalidades? ¿Son siquiera confederaciones de pueblos independientes, ligados por débiles lazos para resistir a un peligro común, participar de una común gloria, o emprender juntos obras de común provecho? Nada de eso. Los señores feudales habían fraccionado hasta lo infinito las comarcas que un día habían obedecido a un solo señor; y aunque es verdad que siendo la violencia y el fraude sus títulos y sus elementos de gobierno, las pequeñas nacionalidades que dominaban no eran el resultado de la voluntad de los pueblos, nótese que las ciudades, los comunes, en donde el régimen feudal no tenía cabida, presentan la misma limitación. ¿Qué fueron las repúblicas de Italia, qué la de Holanda, y qué las ciudades libres de Alemania? Venecia misma, la más poderosa de todas esas nacionalidades, tuvo que suplir con puentes y con góndolas el terreno que le negaba el Adriático.

Pero los pueblos cansados de sufrir la brutal tiranía de los barones encastillados, favorecieron el acrecentamiento del poder real, que combatiendo primero y halagando después a los nobles, refundió los estados feudales en naciones más considerables. La guerra, las alianzas matrimoniales y otras causas que residían enteramente en los monarcas, acrecentaron esas nacionalidades que hoy nos admiran por su poder, y que han llegado a tener una extensión relativamente grande.

En muchos casos, sin embargo, aun las causas enunciadas han sido insuficientes para vencer la repugnancia de los pueblos a perder su independencia, ni aun a trueque del esplendor y de la gloria que van anexos a las grandes nacionalidades. Portugal, que parece llamado a hacer un todo con España, dándose por únicos límites los mares y los Pirineos, ha resistido la unión, y aunque alguna vez compuso una sola nación con su hermana y vecina, procuró y obtuvo su independencia, como si la raza ibera fuese tan opuesta a la lusitana, cual el anglosajón al godo, o el lombardo al eslavo. Bélgica ha roto la unión en que se quiso mantenerla con Holanda, aunque tienen intereses comunes, aunque lindan estrechamente, y aunque su población y su extensión no les permiten parangonarse con las naciones de primer orden, ni aun hacer valer su derecho el día en que el interés de un grande imperio sea más fuerte que el sentimiento de la justicia. Por último, los numerosos y diminutos estados alemanes, de todos los cuales podrían muy bien formarse dos o tres naciones, como la Francia, permanecen separados y prefiriendo una humilde y precaria nacionalidad, pendiente de la voluntad de los zares, a confundir en un gran cuerpo, de que apenas serían miembros los que antes eran individuos.

No es por tanto aventurado asegurar, que la unión de las pequeñas para formar grandes nacionalidades, ha sido las más veces obra de la fuerza: la unidad nacional no ha sido otra cosa que la unidad real. En efecto, los dos únicos ejemplos que nos ofrece la historia moderna, de repúblicas confederadas, muestran ese mismo espíritu de libertad e independencia que anima a todos los pueblos pequeños. La Suiza y los Estados Unidos de América, al unirse en obsequio de su común seguridad, han reservado siempre a las partes componentes de plenitud de sus fueros, la soberanía en su esencia, y la inviolabilidad de sus derechos cardinales como verdaderas entidades políticas, o estados simplemente ligados sin fusión ni unidad.

De aquí el sistema moderno conocido con el nombre de federal: sistema propio de las repúblicas, sistema opuesto al central, que es inherente a la monarquía y al despotismo. Porque la monarquía y el despotismo necesitan una fuerza extraña, enemiga de la fuerza popular, y esa fuerza la encuentran en el centralismo, no menos que en los ejércitos permanentes. ¿Cuáles, si no, han sido las épocas en que el centralismo ha levantado la cabeza, y en que se han creado los ejércitos permanentes? La del despotismo romano, cuando las legiones quitaban y ponían emperadores sin dejar de oprimir al pueblo, y la del renacimiento del poder real en la Edad Media, cuando los monarcas necesitaban sostenerse contra los nobles primeramente, y después apoyar su autoridad absoluta contra el pueblo mismo.

Así que, centralismo, ejército y autoridad absoluta, han sido ideas correlativas, inseparables, hermanas como las Furias, destinadas a labrar la ruina y la humillación de los pueblos.

Cómo nace el despotismo del poder centralizado, me parece que no es difícil explicarlo. El poder tiende siempre a ensancharse y a abusar de su fuerza cuando no está dividido, y esa división no consiste únicamente en separar los diferentes ramos del gobierno, organizándolos de diverso modo y encargándolos a distintas personas: también consiste en compartir el poder en cada uno de esos mismos ramos, tronchando, si así puede decirse, las atribuciones de la soberanía; y esto es lo que se logra con el pleno ejercicio del régimen o gobierno municipal.

En los estados pequeños el gobierno municipal y el nacional casi se confunden. Todos los intereses pueden consultarse al mismo tiempo con igual eficacia. Pero supóngase que varios estados, con un gobierno conocedor de las necesidades que fácilmente podía estudiar, son ensartados por la espada de un conquistador, y condenados a formar una gran nacionalidad que le tribute adoración a trueque de una falsa gloria. La propensión del poder a ensancharse llevará a las manos del monarca el gobierno de todos los pueblos reunidos, y la eficaz administración de cada pequeño estado, será reemplazada por un gobierno general, cuya vida se mostrará en el corazón del gran cuerpo, pero que en las extremidades no ofrecerá sino debilidad y muerte.

Esto explica la propensión de los estados pequeños a mantener su independencia, que envuelve también su libertad. Las grandes nacionalidades, lo repito, han sido casi siempre obra de la violencia en beneficio de los déspotas ambiciosos y cuando los numerosos estados de la Europa feudal iban refundiéndose por el poder de los reyes, las libertades municipales iban también desapareciendo, agostadas por el maléfico influjo de los grandes poderes centralizados.

La historia moderna ofrece pocas excepciones a este hecho constante.

La raza anglosajona es acaso la única que, aun cediendo al poder real, ha sabido conservar en muchas partes sus libertades municipales. De resto, solo veremos apariencias de gobierno local en los parlamentos franceses, y en las diputaciones de las provincias españolas del norte. En general, la raza latina, más apegada a sus hábitos y preocupaciones de origen romano, ha tenido menos disposición a disputar a los reyes sus fueros locales, que la raza tudesca, más arrogante, más independiente y más indomable, porque fue la raza conquistadora, y porque nunca abandonó del todo la altivez que sacó de sus selvas.

Los pueblos de este último origen han podido, por tanto, plantear con mayor facilidad que nosotros el sistema federal moderno. Los españoles, al conquistar la América, trajeron consigo sus hábitos y preocupaciones de todo género, entre ellas su manera de gobernar. A medida que iban formando colonias, en vez de mantener en cada pequeño grupo de habitantes el gobierno local, que al principio les era indispensable, formaban luego de las pequeñas colonias independientes, grandes virreinatos, cuya autoridad superior casi absorbía la de los primitivos establecimientos. Pero este sistema unitario y centralizador no era dictado por la conveniencia. Ella, al contrario, aconsejaba que en tan dilatadas regiones, cada pequeña colonia se gobernase libre y ampliamente, sin más lazos entre sí que los muy precisos para conservar la común nacionalidad, prenda de la seguridad exterior.

Cuando el sistema de gobierno español procedía de aquel modo sintético, sacrificando en beneficio del poder monárquico las libertades de las nuevas colonias a medida que se fundaban, nos infería un agravio, una violencia, que el tiempo no ha podido justificar ni convertir en bien de estos países. Lo que no se hizo antes, puede y debe hacerse ahora: procedamos por el sistema inverso, el sistema analítico, resolviendo en sus verdaderos elementos la nacionalidad, cuyo conjunto no debe marchitar las partes lozanas y provistas de grandes recursos naturales, que no pueden ser desarrollados sino por un gobierno propio e inmediato.

Cuando he manifestado la superioridad del gobierno en las pequeñas nacionalidades, y llamado la atención al hecho de que nunca se han desprendido voluntariamente de su independencia los pequeños estados, no pretendo probar que convenga decididamente formar esos pequeños estados independientes, más bien que conservarlos grandes, en que están refundidos sus pueblos. La moral internacional no ha hecho suficientes progresos en el mundo civilizado, y las naciones débiles no logran siempre hacer respetar sus derechos. Parece que hubiera dos justicias, una para los iguales y otra para los inferiores. Mientras no haya una sola para todos los individuos y para todas las entidades políticas, sin reparar en su fuerza física; mientras la idea del deber y su correlativa del derecho, no alcancen cierta elevación y supremacía divina, que los ponga a cubierto de las circunstancias terrestres y accidentales, nada más prudente y aun necesario que buscar en la fuerza física el complemento del derecho, para cuando tengamos precisión de hacerlo valer. Si todas las nacionalidades fueran reducidas, en su común debilidad encontrarían la garantía de la justicia, como la encuentran las grandes nacionalidades en su común pujanza. Busquemos pues, en buena hora, por medio de asociaciones de pueblos, los medios de acercarnos en lo posible al grado de fuerza que admiramos y tememos en las grandes naciones, pero dejando a los asociados su gobierno propio, en toda la extensión compatible con el poder general indispensable para la seguridad común.

Tal es el sistema federal moderno: fuerza exterior, buen gobierno interior; soltura en los miembros, y fortaleza en el conjunto del cuerpo que se llama nación.

Siempre que se ha propuesto entre nosotros el establecimiento de ese sistema, y cuando para demostrar su utilidad práctica se ha citado el ejemplo de la Unión Norteamericana, se ha hecho la siguiente objeción: «Los norteamericanos apenas tuvieron necesidad de unir lo que estaba separado; mientras que nosotros tendríamos que separar lo que está unido; aquello es propiamente federación, esto sería disolución». Al razonar así, se olvida que la unión que se trata de romper es esa unión efectuada por la violencia y sostenida por los hábitos de mal gobierno, que he mencionado antes; unión que jamás se habría realizado espontáneamente por los pueblos, como que envuelve el sacrificio de sus libertades municipales, en las que se hallan comprendidos los principales beneficios que el gobierno está destinado a procurar.

Pasando del centralismo a la federación, no se hace sino emancipar los municipios, y admitirlos enseguida en el pacto, que se habría celebrado voluntariamente, si nunca hubieran sido forzados a confundirse en una sola entidad, sacrificando sus gobiernos especiales. El municipio es la verdadera sociedad: la nación no es sino una pura idealidad, una abstracción, a la cual no deben subordinarse los intereses de la ciudad o del común. Emancipemos pues las ciudades, o grupos de poblaciones dependientes entre sí por igualdad de situación y de necesidades. Dondequiera que hay una comarca de regular extensión, de clima y producciones análogas en toda ella, bien demarcada por la naturaleza y homogénea en su fisonomía, en sus costumbres, en sus intereses, allí está el común, pidiendo de derecho su emancipación, que no debemos negarle. Emancipado, vuelve a la unión en su calidad de miembro libre y soberano, que sacrifica parte de su soberanía en obsequio de la seguridad general, y que no recibe un favor sino un derecho, que no obtiene una concesión, sino la libertad de que había sido despojado. Y no se arguya que este proceder es una mera ficción. ¿No tiene el padre que emancipar a su hijo, cuando quiere admitirlo como su compañero en una sociedad mercantil? Este doble procedimiento es el mismo que emplea una nación regida por un sistema central, si quiere adoptar el federativo. Libertad del municipio, restauración de los derechos perdidos, confederación de pueblos libres *sui iuris*, para formar una gran nacionalidad: tales son los hechos verdaderos que pasan, analizando el procedimiento.

Hasta ahora solo se había propuesto la federación como cuestión de conveniencia, y algunos de sus enemigos han visto en los desastres de varios países hispanoamericanos la consecuencia necesaria de su establecimiento. De aquí han partido para condenarla, sin examinar más profundamente el enlace de los efectos y las causas, y sin averiguar la posibilidad de corregir los malos resultados de una aplicación empírica, por medio de instituciones graduales y preparatorias. No se emancipa al hijo sin educarlo, por miedo que su emancipación le conduzca al libertinaje o a la miseria.

Hay tanta razón para atribuir al sistema federal los desórdenes políticos de Hispanoamérica, como para buscarlos en el sistema de gobierno central. Así los países que han adoptado el uno, como los que se rigen por el otro, son víctimas de frecuentes y violentas convulsiones. Dada una causa, ¿deben adjudicársele todos los efectos posteriores, sin demostrar su necesario enlace?

Post hoc, ergo propter hoc: es un sofisma muy conocido, que basta enunciar para desacreditarlo. ¿Ni cómo podrían dos causas opuestas producir iguales resultados? Concluyamos, por tanto, que los desórdenes que nos aquejan no nacen de la federación más que del centralismo. Nacen de otras causas, que van perdiendo su poder en la Nueva Granada, y que espero ver completamente destruidas dentro de poco.

Reconozco que una vez hecho el mal, una vez que los países españoles han sufrido, entre otros linajes de tiranía, la que centralizó constantemente el gobierno, sería acaso imprudente emanciparlos de ella de un modo súbito; y no me resisto a atribuir, en mucha parte, a falta de preparación, el mal éxito del sistema federativo en México, Centroamérica y Buenos Aires. La familia se había sustraído del despotismo común, con las mismas desventajas de la falta de preparación para su nuevo género de vida independiente; pero este era un mal necesario por el cual tenía que pasar. Una vez independiente la familia (continuando la metáfora), los hijos debían ser educados para su ulterior emancipación, y esto es lo que no ha hecho convenientemente ninguna de las nuevas repúblicas, con excepción de la Nueva Granada. Desde 1832 comenzó nuestra educación municipal, y hoy, después de muchas y prudentes gradaciones, podemos mirarla como concluida. La preparación no ha podido ser mejor, y tengo plena fe en el éxito que obtendría ya en este país el admirable sistema, que circunstancias más propicias permitieron plantear inmediatamente a los afortunados hijos del Norte.

II

Al conquistar el territorio de esta parte del mundo, que luego recibió el nombre de Nuevo Reino de Granada, los españoles hallaron el país poblado por muchas tribus independientes. Aun las comarcas en donde los indígenas eran más numerosos y formaban pueblos más considerables, estaban divididas en diferentes nacionalidades, que con frecuencia se hacían cruda guerra. Si en tales circunstancias la codicia y la crueldad de los conquistadores no hubiesen llevado el exterminio por todas partes, sujetando las diversas naciones a un despotismo común; si en vez de abarcar y ceñir con un anillo de hierro las grandes masas de los Muiscas y Tundamas, Muzos, Paeces, Andaquies, Turbacos, y tantos otros pueblos distintos, se hubiesen limitado a reducirlos por la dulzura al suave yugo de la civilización, respetando sus diferencias locales, habrían iniciado desde entonces un sistema federal, que no era desconocido en otras regiones de América, como se observó en México.

Pero ya que su desprecio por la raza indígena condujo a los conquistadores españoles a destrozarla, más bien que a aprovecharse justa y cristianamente de aquella sana y sencilla población, el giro mismo de la conquista les presenta la mejor oportunidad para fundar las libertades municipales, si ellos las hubieran estimado. Los establecimientos de Ojeda y Nicuesa, Balboa y Pedrarías, Bastida y Heredia, Vadillo y Robledo, Quezada, Lugo, Benalcázar y demás capitanes de la conquista fueron al principio independientes unos de otros, sin más sujeción que la común a los monarcas españoles. Pero andando el tiempo, los desórdenes y excesos de aquellos mismos capitanes, la distancia de España, y la incuria de su gobierno, que insistiendo en su sistema centralizador, necesitaba simplificar el despotismo entendiéndose con un corto número de poderosos sátrapas, fueren causa de aquella grande aglomeración de pueblos españoles e indígenas, cuyos sucesores componen hoy la República Neogranadina, y que debía hacer juego con otras muchas aglomeraciones semejantes, llamadas entonces Nueva España, Guatemala, Perú, Chile, etc.

No es mi ánimo sostener ahora la conveniencia de restaurar nuestras primitivas libertades en toda la extensión de la República, pasando una esponja por todos los hechos, que aunque injustos y violentos, han amoldado viciosamente la población, y que piden sin duda precauciones para destruir su maléfico influjo. Respeto los temores de aquellos que no se deciden por la pronta e inmediata adopción del sistema federal en toda la Nueva Granada; pero si se demuestra que la situación del Istmo de Panamá es tan especial, que exige urgentemente un gobierno amplio y propio, espero que nadie pretenderá uncirle al carro lento de las otras secciones, cuya posición geográfica, social y económica puede admitir dilaciones en su marcha política, sin el mismo peligro que aquélla corre hace algún tiempo. Además de esto, la erección del Estado de Panamá servirá de limitado ensayo, que no puede comprometer la suerte de la república, ni causará alarma a los centralistas, si es que alguno tiene confianza en que la actual organización sea más propia que una diferente, para obtener paz, industria y moralidad, elementos de prosperidad interior y de respetabilidad entre los extranjeros.

Circunscribiendo así mi objeto, y sin perjuicio de tocar algunas cuestiones generales que pueda encontrar en mi camino, y que se rocen con la materia de esta publicación, trazaré ante todo la marcha política del Istmo desde su adquisición por la corona de España hasta el presente. Esa reseña histórica mostrará la injusticia con que se le ha mantenido sujeto al yugo central, y la indudable conveniencia de restablecerle en sus derechos usurpados, sin daño de la comunidad nacional a que pertenece.

La primera tierra de Nueva Granada, y aun de todo el continente, descubierta y poblada por los españoles, fue la del Istmo, que más tarde recibió el nombre de Panamá o del Darién. En 14 de septiembre de 1502 Cristóbal Colón descubrió el cabo Gracias a Dios, extremidad occidental de nuestras costas, y poco después tocó en las de Mosquitos y Veraguas. La fama de las minas en esta última región le hizo intentar un establecimiento, que se fundó y encargó al adelantado Bartolomé Colón en el siguiente año. La colonia española se estableció a orillas del río Belén, cuyo nombre aún se conserva. «Resolvió el almirante de acuerdo con su hermano (dice nuestro historiador el general J. Acosta), que se fundase la población en las orillas del río de Belén, a poca distancia de su embocadura en el mar, y comenzó a trabajarse activamente en cortar la madera para levantar las casas, y la palma para cubrirlas. Fabricaron diez casas grandes para habitaciones, y una mayor que debía servir de almacén de guerra y de boca. Entre los ciento cuarenta hombres que tripulaban los cuatro buques, se escogieron ochenta para fundar la primera colonia que se intentó establecer en la tierra firme del nuevo continente, y que un acto inaudito de violencia y de injusticia debía hacer abortar.» En efecto, los españoles atacaron traidoramente a los indígenas, de quienes hasta entonces no habían recibido sino muestras de benevolencia y hospitalidad; pero encontraron que tenían que habérselas con un pueblo valiente a par que bondadoso, y después de algunos desastres se vieron obligados a abandonar el establecimiento, que de otro modo habría prosperado con rapidez en una tierra como aquélla, bien provista de mantenimientos y abundante en el codiciado metal.

Escarmentados los aventureros, no se pensó de nuevo en colonizar la tierra firme hasta algunos años después. En el de 1508 Alonso de Ojeda y Diego Nicuesa proyectaron una expedición sobre nuestro litoral del Atlántico. La Corte confirió a Ojeda el gobierno de la parte comprendida entre el cabo de la Vela y el golfo de Urabá, y a Nicuesa el de la que sigue desde aquí hasta el cabo de Gracias a Dios. Por donde se ve, que el Istmo quedó íntegramente comprendido en la segunda porción, y que por consiguiente formó desde entonces una sola colonia, independiente de las demás.

No era Nicuesa el hombre calculado para la empresa que acometía.

Así fue que, debido a su ineptitud, malogró una expedición compuesta de setecientos ochenta hombres, más numerosa que aquella con que Hernán Cortés se hizo dueño del vasto imperio mexicano. Sin embargo, fundó en 1510 a Nombre de Dios y la ciudad de Portobelo, poco después que el bachiller Enciso había fundado a la Antigua del Darién en la orilla occidental del golfo de Urabá, término del Istmo y de la jurisdicción de Nicuesa.

Estas tres poblaciones duraron algún tiempo. Aún subsiste Portobelo, bien que casi arruinada. La Antigua desapareció antes que Nombre de Dios, punto de partida para los viajes al océano Pacífico. Nombre de Dios tomó importancia bajo el gobierno del desgraciado Vasco Núñez Balboa. De allí partió cuando en 25 de septiembre de 1513 descubrió el mar del Sur, añadiendo así gloria a su nombre y celebridad a las regiones del Darién.

Las primeras noticias que llegaron a España sobre la riqueza del Istmo, llamado entonces Castilla de Oro, y sobre el descubrimiento del Pacífico, determinaron el envío de una grande expedición, cuya magnitud puede apreciarse por el siguiente fragmento del historiador antes citado. «Mientras estas cosas pasaban en el Darién (año 1514), toda España resonaba con el ruido de las riquezas de Castilla de Oro. Una poderosa expedición de mil quinientos hombres (sin contar las mujeres y tripulaciones) a las órdenes del coronel de infantería española Pedro Arias Dávila, hermano del conde de Puñonrostro... se preparaba para salir de la península con destino al Darién. Parece conveniente describir el orden, aprestos e instrucciones que trajo esta expedición, por haber sido la primera hecha en grande escala, a costa del real erario, a tierra firme (su costo fue de más de 50.000 ducados, u 800.000 pesos fuertes). A Pedro Arias, primer jefe y gobernador de Castilla de Oro, se le asignaban 366.000 maravedises de sueldo anual, y 200.000 para ayuda de costo. Al maese de campo, Remando de Fuenmayor, 100.000 maravedises por año. Un médico con 50.000, un cirujano y un boticario, cada uno con 30.000. Treinta guardas para los fuertes, o peones de fortificación, con 11.433 maravedises cada uno. A los capitanes 4.000 maravedises por año. A los soldados a dos pesos por mes, y tres a los cabos de escuadra. Venían además cuatro oficiales reales con sueldo eventual... Estos cuatro oficiales reales, con el obispo fray Juan de Quevedo, debían componer el consejo del gobernador, con obligación de dar su dictamen en todos los casos graves. Fue fray Juan de Quevedo el primer obispo de tierra firme, religioso de mucha prudencia y piedad, y trajo algunos eclesiásticos, que junto con el pastor vinieron a ser testigos, aunque no partícipes, de las violencias y rapiñas con que destruyeron aquella tierra Pedrarías y sus oficiales... Sabias fueron las instrucciones escritas que el Consejo de Indias, a nombre del monarca, dio al nuevo gobernador, y al haberse cumplido, el Istmo del Darién hubiera podido ser una comarca floreciente; mas Pedrarías hizo todo lo contrario de lo que se le ordenó, como aconteció con todos los que pasaban a Indias, alentados con la esperanza de la impunidad e impulsados por la codicia.»

Muy poco después de su llegada al Darién, Pedrarías, celoso de Vasco Núñez Balboa, comenzó a perseguirle, hasta que al fin suponiéndole traidor al rey, le promovió una causa y le aplicó pena de muerte. Semejante asesinato en un hombre tan meritorio y tan popular como Vasco, suscitó mucha odiosidad contra Pedrarías, y habiéndose hecho responsable de otros muchos atentados, se le acusó a la Corte, y se ordenó su residencia, aunque sin fruto, pues eran grandes sus relaciones y su influencia cerca del monarca. Los padres jerónimos, que tenían por entonces la superior dirección de todos los negocios de América, obligaron a Pedrarías a consultar todas sus providencias con el cabildo del Darién, y él, disgustado de esta sujeción, resolvió hacer nuevos establecimientos en la costa del Pacífico. Tal fue el origen de la fundación de Panamá en 1518; pero ya en el anterior el licenciado Espinosa había fundado la villa de Natá, que aún hoy es una ciudad importante.

Sucesivamente se fueron conquistando y poblando las diversas partes del Istmo: los valientes caciques Poncha, Pocorosa, Comagre, Chepa y Tumanamá al este, y los de Pariza, Natá, Charne, Chirú y otros al oeste, perdieron su libertad y vieron sus tribus aniquiladas. Las poblaciones españolas sucedieron a las indígenas, y muchas de ellas conservan aún hoy, ya puros ya modificados, los nombres de los jefes indígenas que mandaron en el suelo que las sostiene.

Las tribus de Veraguas, con excepción de las del Darién propiamente dicho, fueron las que más belicosas y las que más trabajo costó reducir. Creo que no carece de interés el siguiente trozo de Acosta, por el que aparece que Veraguas fue la porción que más tarde recibió la coyunda española. «Crecía entre tanto Panamá en población y plantíos en las márgenes de un río inmediato. El único suceso digno de consignarse en este compendio, fue la guerra can el cacique Urracá, el más poderoso señor de Veraguas, que resistió varonilmente diversos ataques de los oficiales de Pedrarías y del mismo gobernador, rechazando la primera vez al bachiller Espinosa con pérdida, y combatiendo todo un día a Pedrariass, sin dejarle ganar un palmo de terreno. Ayudándole Musá y Bulabá, caciques vecinos, y a pesar de la artillería, como los indios habían aprendido a aprovechar el terreno para defenderse, hostilizaban de continuo a los pobladores de Natá. Urracá sostuvo por nueve años la guerra, y mantuvo su independencia hasta la muerte. Ya era entrado el año de 1521, Y se había despachado título de ciudad a Panamá, dándole por escudo un yugo, y un haz de flechas en campo dorado en la parte superior, y dos carabelas navegando, en la inferior, con una estrella y orla de castillos y leones. Por muerte del primer obispo, fray Juan de Quevedo, se proveyó la silla en fray Vicente Pedraza, de la orden de Santo Domingo. Francisco Compañón recorrió la provincia de Chiriquí, los Vareelos y la de Burica...»

De Panamá salieron en 1522 y 1525 las expediciones conquistadoras del Chocó, y las que del Perú debían invadir a Popayán y el Canea. Por la parte del norte, Rodrigo de Bastidas fundó a Santamarta en 1525, Y Pedro de Heredia a Cartagena en 1533. Partió de Santamarta en 1536 Gonzalo Jiménez de Quesada, para subir después de mil penalidades y hechos heroicos, a las hermosas planicies de Tunja y de Cundinamarca, y fundar en 1538 la ciudad de Santafé, hoy

Bogotá. Natural de Granada, en España, y hallando en la sabana de Bogotá gran semejanza con la campiña de su país, dio a la comarca el nombre de Nueva Granada, que aún conserva, y que por consecuencia del régimen central de la colonia se hizo extensivo a todo el reino. ¿Quién hubiera dicho a Panamá en 1521, que habría de pertenecer a una entidad política, cuyo nombre puramente local y propio de ciertas regiones andinas aún no descubiertas, se impondría quince años después a todo el país, inclusas las riberas de ambos mares? ¿Quién hubiera dicho a Portobelo en 1510, que cuando se echaban sus cimientos nacía un hombre, destinado a fundar veintiocho años después en comarcas desconocidas entonces, una ciudad capital que habría de dominarla? ¿Y quién hubiera sospechado en el Istmo durante la primera mitad del siglo XVI, que la legislación de un pueblo esencialmente marítimo y mercantil, se dictaría desde el corazón de los Andes a más de doscientas leguas distantes del mar? Pero por extraño que todo esto sea, ha sucedido, lo palpamos, y así como otros males con que uno se familiariza a fuerza de sentirlos, la estrecha dependencia del Istmo de Panamá al centro de la Nueva Granada es un hecho que hoy a nadie admira.

Debemos sin embargo creer que si la colonia del Darién no conservó su primitiva importancia, fue por efecto de su despoblación, a que contribuyó más que todo la absurda política de los españoles. Prescindiendo de la población originaria de España, el Istmo pudo en dos épocas distintas llegar a un alto grado de prosperidad y poder, con un número considerable de habitantes. Estas épocas, que llamaré época indígena y época británica, son muy notables en la historia de aquel país, y merecen que se haga de ellas alguna mención.

En cuanto a la primera, nada puede dar una idea más precisa que el siguiente pasaje del general Acosta.

> Carecemos respecto de la población del Istmo a la época del descubrimiento, de datos seguros, y solo puede inferirse el número de habitantes por el de las tribus independientes, de las cuales he recogido como sesenta nombres en las diversas relaciones. Algunas presentaron a los españoles más de cuatro mil combatientes, y aunque en ello es de suponerse alguna exageración, no deja de ser cierto que para detener y perseguir por días enteros, tropas de castellanos bien armados, y de más de doscientos hombres algunas veces, eran ciertamente menester millares de indios desnudos y desprovistos de armas eficaces, y sin flechas envenenadas, ni otra defensa que macanas y dardos con puntas de piedra o de madera endurecida al fuego. Y aunque también es verdad que había tribus que no contaban sino doscientos o trescientos hombres de armas, otras como las de Natá, Pariza y Urracá tenían cerca de diez mil, lo que supone más de treinta mil entre mujeres y muchachos. No parece pues aventurado pensar que la población del territorio que hoy comprende las provincias de Panamá y Veraguas, pasaba de trescientas mil almas, y era muy superior a la que actualmente existe, después de un transcurso de tres siglos y de haberse introducido el abrigo y las comodidades de la civilización. Si en lugar de destruir la raza indígena ya aclimatada, y que durante la lucha dio tantas muestras de ingenio, valor y humanidad, se hubiera propendido a instruirla y civilizarla, los recursos del Istmo se habrían explotado, descubierto y trabajado sus ricas minas, y las preciosas producciones del reino vegetal que su afortunada posición le permite llevar a los mercados que sean más favorables, con la mayor oportunidad. Sin población suficiente, ha dependido hasta aquí su suerte del giro del comercio, y de los acontecimientos

> que han modificado o alterado la ruta de las mercancías de un mar a otro. Pocos años bastaron, como hemos visto, para devastar este país; los galeones y el tránsito de las mercaderías y del oro del Perú, dieron lustre y prosperidad efímeras a una pequeña parte del territorio; pero se necesita la mano del tiempo y de una sabia legislación para desarrollar los elementos inagotables de riqueza y prosperidad, que esta hermosa porción de la Nueva Granada encierra en su seno.

La segunda época, que he llamado británica, y que pudiera también denominarse filibustera, es la del siglo XVII, cuando Morgan, Drake, Laurence y otros célebres piratas, esparcían el terror por los mares y las costas de América, seguros casi de obtener la aprobación, honores y recompensas de su gobierno. Porque en aquel siglo se iniciaba una gran alteración en la balanza política de Europa. El poderío de España comenzaba a declinar, y el de Inglaterra empezaba a tomar ese vuelo, que desde entonces no ha cesado de remontar hasta hoy; que mañana quedará estacionario, y que al día siguiente principiará a decaer, parecería increíble si no fuera un hecho histórico, que Morgan, saqueando a Portobelo y Panamá, Drake a Cartagena y Portobelo, y Laurence a Mérida de Yucatán, recibiesen como premio altos empleos y títulos nobiliarios. El primero y el último fueron en efecto nombrados gobernadores de dos de las Antillas, y el segundo tuvo entrada en la nobleza como caballero, titulándose Sir Francis Drake. Todo lo que tendía a debilitar el imperio español era entonces lícito, y tenía la protección de las naciones rivales.

Fue en esa época cuando se organizó en Escocia una expedición para colonizar el Darién, bajo la inmediata dirección de Paterson, hombre de genio, y el mismo que echó las bases del Banco de Inglaterra. Grande fue el entusiasmo que este proyecto causó en la Gran Bretaña. Muchísimas personas notables contribuyeron con su bolsa al apresto de buques y al enganchamiento de hombres. Individuos de familias distinguidas se alistaron, y aun la misma reina empeñó sus alhajas para tomar acciones en aquella empresa, que en nuestros días ha dado asunto a una hermosa novela del desgraciado Warburton. La expedición se realizó (año de 1698); los colonos Se establecieron en las costas del Darién, y como tres mil de ellos tomaron por patria el Istmo que hoy pertenece a la Nueva Granada. Pero el rey Guillermo, cuya moralidad no era su mayor recomendación, después de haber protegido un proyecto a que todos daban la mayor importancia, como que se refería íntimamente a la comunicación de los dos mares, celoso de la influencia que esto iba a dar a la Escocia y a los puritanos, hostilizó a la colonia prohibiendo que se la socorriese de sus dominios, y cohonestó su procedimiento con los reclamos intentados por España. El hambre, la guerra, el clima, la peste y el desamparo destruyeron aquel establecimiento floreciente, y con él murieron las grandes esperanzas que había hecho concebir.

Empero, prescindiendo del derecho que el gobierno español tuviera para oponerse a la colonización británica del Darién, consideremos simplemente lo que ella habría sido, si el gobierno inglés, que protegió los atentados de los filibusteros, hubiera solo dejado obrar el genio de sus súbditos; y hallaremos probable que la colonia escocesa del Darién hubiese progresado, quizás absorbido la población española, y ahorrado al Istmo el pavoroso reinado de los Barbones. Castilla de Oro se habría poblado de hombres pertenecientes a la raza anglosajona, y hoy, ya fuese o no independiente, seguro es que no haría parte de la Nueva Granada. El río Atrato parecería un límite mucho más natural entre esta y aquella entidad política, que lo es el cabo Gracias a Dios y el golfo Dulce entre el Istmo de Panamá y el Estado de Costa Rica. No comunicándonos por tierra con las provincias granadinas limítrofes, y sí con nuestros vecinos de occidente ¿parecería más racional que el Istmo hiciese parte de la Nueva Granada que de Centroamérica, o que fuese tan independiente como cualquiera otra de las actuales naciones de la América española? Tal es nuestro aislamiento, que toda suposición es igualmente natural, y si una gran catástrofe del globo sepultase al Istmo en el océano, y franquease así la navegación de norte a sur, el hecho no se haría notorio en Cartagena y el Chocó, sino cuando los marinos viesen sorprendidos que sus cartas hidrográficas no correspondían con la nueva configuración de las costas. Hoy mismo, cuando los volcanes de Centroamérica sacuden fuertemente la tierra, la conmoción se hace sentir en todas las provincias istmeñas, pero rara vez atraviesa los ríos y las montañas que nos separan de las demás que siguen hacia el oriente. La naturaleza dice que allí comienza otro país, otro pueblo, otra entidad, y la política no debe contrariar sus poderosas e inescrutables manifestaciones.

III

La colonia española que en tiempo de Nicuesa se llamó Castilla de Oro, que más tarde se conoció por el nombre de Darién, y que en nuestros días se denomina generalmente Istmo de Panamá, no se gobernó siempre con estrecha dependencia del Nuevo Reino de Granada. Su situación aislada, y el haber sido la primera colonia del continente, hicieron que continuase gobernándose por mucho tiempo con sujeción directa de la metrópoli. Muy gradualmente se convirtió en provincia del Nuevo Reino, y acaso no sería aventurado sostener que hasta 1805 no fue cuando en realidad se le incorporó, por la real cédula que fijó los límites occidentales del virreinato en el cabo Gracias a Dios.

Cierto es que vemos a los presidentes y virreyes ejercer algunos actos, que probarían jurisdicción o mando sobre el territorio del Istmo, si el sistema colonial no ofreciese frecuentes ejemplos de invasiones ejecutadas por los mandatarios de primer orden respecto de los de segundo, aun correspondientes a ajeno circuito. Así que, no deben tenerse por prueba de la dependencia del Nuevo Reino, ciertas medidas tomadas por sus jefes sobre los gobernantes de inferior categoría situados en el Istmo; porque iguales operaciones vemos practicadas sobre el mismo territorio por los virreyes del Perú.

Demuéstrase lo dicho, entre otras ilustraciones, con los dos siguientes pasajes del doctor José Antonio de Plaza, en sus *Memorias para la Historia de la Nueva Granada*. En la página 282 dice:

> En medio del desorden y confusión que reinaba en los campos gubernativos, se confirió el precario nombramiento de presidente de la Nueva Granada a don Diego Córdoba Lasso de la Vega,

> quien únicamente se contrajo a terminar las diferencias suscitadas en Panamá, con motivo de las causas formadas en 1708 al marqués de Villa Rocha, gobernador de allí y el cual estaba preso en el fuerte de Chepa...

Y a la 273, después de referir los pormenores del ataque y destrucción de Panamá por el pirata Morgan, en enero de 1671, se expresa de este modo:

> El gobernador de Panamá, don Juan Pérez de Guzmán, después de estos lamentables sucesos, fue depuesto de su empleo y llevado preso a Lima por orden del virrey del Perú, sucediéndole en el mando don Antonio Fernández de Córdova, con el encargo de trasladar a mejor sitio la ciudad, y de conducir un cuerpo de guarnición respetable, que llamaron Chamberga...

Sea cómo fuere, lo que no admite duda es que la administración del territorio del Istmo nunca fue tan dependiente de los presidentes o virreyes de Nueva Granada como la de las otras provincias que le pertenecían, pues aun en tiempos no muy lejanos, como a fines del siglo anterior y principios del actual, la mayor parte de los negocios graves de Panamá y Veraguas se consultaban directamente a la Corte. Otros hechos que voy a exponer confirman la aserción de que el gobierno superior del Istmo no era exactamente igual al de las otras provincias granadinas.

Ya en 1539 se había establecido en Panamá una audiencia, y es sabido el grado de poder político de estas corporaciones, que no solo administraban justicia, sino ejercían funciones ejecutivas, y aun deponían a los gobernadores. La Audiencia de Panamá extendió al principio su jurisdicción a toda la colonia, cuyo origen había sido el Istmo, pues la de Santafé no se estableció sino diez años después, en 1549, y aun comprendió en su distrito otras regiones independientes de Nueva Granada, como Nicaragua, Río de la Plata, Nueva Castilla, etc. Prueba de que la Audiencia de Panamá tenía bajo su jurisdicción todo el país descubierto y conquistado hasta la instalación de la audiencia de Santafé, la tenemos en el juzgamiento del adelantado don Pedro Heredia, a quien Benalcázar envió preso a Panamá, por haber querido en marzo de 1542 usurpar la conquista de Antioquia.

La Audiencia de Panamá se suprimió y restableció diferentes veces, hasta que por los años 1749, dos siglos después de su primera instalación, se eliminó definitivamente. Pero esa supresión no fue efecto de mayor centralismo en el gobierno del Darién, sino de los desórdenes a que habían dado lugar los oidores. Por los siguientes fragmentos del doctor Plaza (página 207) se acredita la indicada causal, y el poder que habían llegado a tener las audiencias:

> Este mal de las residencias asomó desde el año siguiente al del establecimiento de la audiencia en la capital, y se prolongó por mucho tiempo como lo veremos. La fundación de la audiencia en Panamá fue de peores resultados, pues gente más moza, más inexperta y más viciada la que ocupaba aquellas sillas, solo presentaba una escena de escándalos diaria, hasta que la corte amputó la gangrena; pero cuando ya había echado hondas raíces e inficionado el cuerpo social, paralizando el progreso de los lugares, cuyos habitantes se connaturalizaron con las ideas y pasiones más mezquinas y perversas, acostumbrándose a un estado de indolencia, que solo daba señales de vida para los sentimientos de codicia, de venganza, de envidia y de egoísmo.

Conferidas a las audiencias funciones tan graves como las que se les habían atribuido, confundiendo en éstas los negocios políticos, eclesiásticos, militares, económicos, gubernativos y judiciales, no es de extrañar que la omnipotencia de esta autoridad causase tantas alteraciones y desórdenes al lado de muy pequeños bienes. Aun la misma respetabilidad de los virreyes tenía que cejar ante estas exóticas corporaciones... Nada hay pues de extraño en todo lo que refiere la historia con respecto a las demasías de la audiencia y a sus continuas disputas con los jueces de residencia, visitadores y presidentes; pues llena de privilegios, y rodeada de atribuciones omnímodas en un país que se hallaba aún en el caos gubernativo y administrativo, ella cometió todos los excesos que un déspota puede perpetrar, y llevando sus pasiones hasta hacerse guerra entre ellos mismos.

Después de un gobierno desarreglado bajo los primeros mandatarios, la administración del Nuevo Reino de Granada mejoró algún tanto bajo la presidencia y capitanía general desde 1563; pero no se regularizó hasta la creación del virreinato en 1719, Y todavía más en 1740, en que se restableció, después de suprimido por malos informes algunos años antes. He aquí un trozo del doctor Plaza, que merece insertarse, porque corrobora algunas de las ideas que dejo emitidas sobre la dependencia del Darién.

> La vasta extensión del territorio de la Nueva Granada, su inmensa distancia aun a la ciudad de Lima, asiento de uno de los dos virreinatos que existían en América, las frecuentes colisiones entre el presidente de la Nueva Granada con la audiencia de Panamá, la de Quito y el presidente de este territorio, que revestidos poco más o menos de iguales funciones se embara-

> zaban mutuamente en todos los negocios de gobierno, y otras causas, movieron a la corte a tomar esta medida. No porque la categoría de virreinato le diese más importancia a la colonia en el orden jerárquico colonial es que debe considerarse importante esta resolución de la corte, sino porque aparte de las razones expresadas, la autoridad de los presidentes era mezquina y limitada, a tiempo que la de los virreyes era más cumplida; y con buenas intenciones, con inteligencia y firmeza, podían contribuir estos últimos magistrados a hacer progresar el país de una manera rápida y más positiva.

Así pasaron las cosas de 1740 a 1810, en esta época, de solo setenta años, es cuando el Istmo de Panamá figura principalmente como parte del virreinato.

No así desde entonces, cuando proclamada la independencia de la Nueva Granada, las provincias del interior comenzaron la gran lucha que había de dar por resultado nuestra nacionalidad. El grito unísono que entonces lanzó todo el continente hispanoamericano, resonó armonioso en las playas del Istmo de Panamá; pero se hallaba en impotencia de secundarlo. La reconocida importancia de aquel territorio redobló los cuidados del gobierno español, y en cierto modo reconcentró allí la dirección gubernativa del virreinato. Sámano, el último y el más cruel de los virreyes, buscó allí asilo en la esperanza de recobrar para la España la conquista de tres siglos, y el Dios de América quiso darle eterno descanso en aquel débil resto del imperio que se desmoronaba.

Algunas circunstancias influyeron en hacer más llevadera la suerte del Istmo durante los diez años que, con ligera interrupción, permaneció separado del resto de Nueva Granada, comunicándose sola y directamente con la corte de España; y a ella también se debe que su deseo de independencia de la metrópoli no hubiese sido tan pronunciado como lo había sido antes y como lo fue después. La liberal Constitución española de 1812 extendió al Istmo su benéfico influjo, y aun a las cortes de aquellos tiempos fue un diputado del Istmo, el doctor Juan J. Cabarcas, más tarde obispo de Panamá. Hubo así mismo algunos gobernadores, que como Hore y Murgeon, reconociendo tarde que la pésima política de España le había enajenado la simpatía de sus súbditos de ultramar, desplegaron ideas liberales, y permitieron a la prensa de Panamá cierta soltura que nos admiraba por su novedad. Pero el contento relativo no podía durar. La independencia de la vieja monarquía, la libertad republicana, la gloria de los triunfos americanos llamaban a nuestra puerta, y era preciso abrírsela, porque el Istmo, más que ninguno otro pueblo había sido hecho para la independencia, la libertad y la gloria.

Colombia pretendía adjudicarse el Istmo de Panamá por el principio de *uti possidetis*, bueno para evitar querellas entre las varias nacionalidades que surgieron de la catástrofe colonial, pero insignificante comparado con el principio de la soberanía popular, que en todo país recién libertado de la soberanía de la fuerza, impera de una manera absoluta. Como si la Providencia quisiese privar a Colombia de todo derecho para poseer el Istmo, que no se fundase en la libre voluntad de sus moradores, hizo fracasar la expedición que a órdenes de Mac Gregor fue destinada en 1819 a combatir en aquel territorio las fuerzas españolas. Estas quedaron victoriosas en el combate de Portobelo, y nuestras esperanzas de libertad se difirieron por entonces.

Era el año de 1821. El poder español había llevado un terrible escarmiento en Boyacá, Nueva Granada; pero aún no había sucumbido en Puerto Cabello, Venezuela, ni en Pichincha, Ecuador. Colombia no había consumado su independencia. El Perú, convertido en último pero poderoso baluarte de las armas españolas, era una grande amenaza para la libertad hispanoamericana. Bolívar y Sucre no habían coronado su gloriosa carrera en los campos de Junín y Ayacucho; y en esas circunstancias, el Istmo de Panamá osada y voluntariamente proclama su independencia de la España. En 28 de noviembre todas las corporaciones y personas notables, después de maduras deliberaciones, como lo expresa el acta, se reunieron y declararon en 12 artículos su querer soberano. Copiaré los tres de ellos que más hacen a mi propósito:

1.º Panamá espontáneamente y conforme al voto general de los pueblos de su comprensión, se declara libre e independiente del gobierno español.

2.º El territorio de las provincias del Istmo pertenece al estado republicano de Colombia, a cuyo Congreso irá a representar oportunamente su diputado.

9.º El Istmo, por medio de sus representantes, formará los reglamentos económicos convenientes para su gobierno interior, y en ínterin gobernarán las leyes vigentes en aquella parte que no digan contradicción con su actual estado.

Colombia no contribuyó, pues, de ningún modo directo, a la independencia del Istmo, y éste, además de ver burlada su esperanza de reconocimiento de su deuda especial por el gobierno de la República, según el artículo 10 del acta citada, tuvo que llevar su parte de la enorme deuda general contraída en el interior y en el extranjero, de cuyo producto no utilizó un centavo. Cierto es que sin las armas colombianas el Istmo no hubiera podido sostener su independencia; pero tampoco la hubiera sostenido sin las armas mexicanas, peruanas, chilenas y argentinas. Bravo, Gamarra, Lamar, San Martín y tantos otros campeones de Hispanoamérica, contribuyeron sin pensarlo a hacer efectivos nuestros votos, ni más ni menos que Bolívar, Santander y Páez, porque unos y otros limpiaron el suelo de la planta goda, que ya no pudo retoñar. Todos combatieron por nosotros al combatir por la América, y el interés de esa lucha era tan solidario, que ningún combatiente lo fue solo por todo el país desde Texas hasta el cabo de Hornos. ¿Qué hubiera sido del Istmo sin la independencia de México ¿qué sin la del Perú y Guatemala? Ni se crea que faltaban tropas que combatir en el territorio del Istmo. Uno o dos batallones españoles guarnecían a Panamá, y en los fuertes de Chagres y Portobelo había su competente dotación. Pero la diplomacia y el espíritu mercantil nos fueron de tanta utilidad como las lanzas y fusiles a nuestros hermanos de coloniaje. Intrigas y oro fueron nuestras armas, con ellas derrotamos a los españoles, y esa derrota cuyos efectos fueron tan positivos como los del cañón, tuvo la inapreciable ventaja de ser incruenta.

Una opinión intachable, la opinión del general Simón Bolívar, viene en mi ayuda, para mostrar que el Istmo obtuvo su independencia libremente, y sin apoyo de ningún poder extraño a su propia voluntad o a sus propios esfuerzos. Contestando al coronel José de Fábrega, gobernador de Panamá, que le envió el acta de nuestra redención, dijo entre otras cosas:

> No me es posible expresar el sentimiento de gozo y de admiración que he experimentado al saber que Panamá, el centro del universo, es regenerado por sí mismo, y libre por su propia virtud. El acta de independencia de Panamá es el monumento

> más glorioso que puede ofrecer a la historia ninguna provincia americana. Todo está allí consultado: justicia, generosidad, política e interés nacional. Trasmita pues usted a esos beneméritos colombianos el tributo de mi entusiasmo, por su acendrado patriotismo y verdadero desprendimiento.

Quede pues para nosotros solos la gloria de nuestra emancipación; quede la de habernos unido a Colombia, cuyo esplendor nos deslumbró y cuyo derecho sobre el Istmo era ninguno. Al declarar que nos incorporábamos a aquella República, no fue por sentimiento de deber sino por reflexión, por cálculo y previo un detenido debate, que conocen muy bien los contemporáneos de nuestra independencia. Si en vez de unirnos a Colombia, hubiéramos tenido por conveniente constituirnos aparte, ¿nos habría hecho la guerra aquella República? Puede ser que los mismos a quienes parecía insoportable el derecho de la fuerza cuando lo ejercía España, lo hubiesen encontrado muy racional cuando lo hacía valer Colombia; pero no es la cuestión si había en América un pueblo bastante poderoso y bastante injusto para vencernos y anexarnos con la elocuente demostración del pirata; es la cuestión si el derecho independiente de la violencia, la facultad incuestionable de disponer de nuestra suerte, la soberanía conquistada el 28 de noviembre de 1821, estaban o no de nuestra parte. Pero tal es la inconsecuencia de los hombres, que una simple alteración de fechas, de personas, o de lugares, cambia sus juicios, trastorna sus sentimientos, y desfigura en su alma los principios constitutivos de la moral y de la justicia.

Por lo demás, creo que no podrá cuestionársenos el derecho de poner condiciones a la incorporación a Colombia; las impusimos, y una de ellas fue que tendría el Istmo su gobierno propio. En el lenguaje imperfecto de aquel tiempo, los términos en que se halla concebido el artículo 9.º del acta de independencia, manifiestan bien a las claras, que se trataba de un gobierno distinto del nacional, y también del local ejercido entonces por los ayuntamientos: era en efecto la federación lo que se significaba. Desde entonces empezó una lucha constante entre nuestros intereses políticos y la indiferencia de los altos poderes nacionales, entre el federalismo de aquella porción tan excepcional y el centralismo que dominaba toda la República.

Cuando el funesto centralismo disolvió a Colombia, el Istmo cuyo derecho a constituirse separadamente era tan positivo como el de Venezuela y el Ecuador, y a quien el sistema a que había estado sujeto perjudicaba inmensamente, se contentó con declarar su voluntad de formar un Estado federal de la gran república, a la par con Nueva Granada y los otros dos arriba mencionados: entonces era muy común la persuasión de que Colombia se reorganizaría bajo la forma federal. Oigamos cómo se expresaron los principales vecinos de Panamá, al declarar su voluntad soberana, en circunstancias de haber expresado todo vínculo político que los ligara a la república de Colombia, y aun no haberse creado los que más tarde les unieron a la de Nueva Granada.

> En la ciudad de Panamá, capital del Istmo, a los nueve días del mes de julio de mil ochocientos treinta y uno, congregados en la casa consistorial gran número de padres de familia, personas notables, corporaciones y un inmenso pueblo, presididos por el señor jefe político municipal, a efecto de discutir en perfecta calma los intereses preciosos del país, y asegurar las grandes ventajas que debe reportar el Istmo del nuevo pacto bajo el cual intentan confederarse Venezuela, Nueva Granada y Ecuador,

separados entre sí por los sucesos extraordinarios que han tenido lugar en la república; y considerando: 1.º que convocada una convención granadina para constituir los departamentos centrales, el Istmo en tiempo debe poner de manifiesto al mundo entero los graves daños que sufriría si fuese enrolado en la Nueva Granada, con la cual no mantiene relaciones comerciales ni es posible que existan; 2.º que si Venezuela, el Ecuador y el Centro, consultando su dicha y prosperidad, se han erigido los dos primeros en estados soberanos e independientes, y el último se traza esta misma línea de conducta para proveer sus urgencias locales, el Istmo que ocupa un punto importante en la América del Sur, debe a imitación de los otros departamentos de la república, procurar también los inmensos bienes a que está llamado por la naturaleza y por la sociedad; (3.º-4.º-5.º) 6.º en fin, que sin contrariar notablemente la Constitución y leyes de la república, ni subvertir el orden, los hijos del Istmo, autorizados por las circunstancias actuales, pueden y deben ver por su futura felicidad, haciendo uso de la soberanía que han reasumido, y de que no han dispuesto después de la rotura del antiguo pacto colombiano; acordaron: 19 Panamá se declara en territorio de la Confederación Colombiana, y tendrá una administración propia, por medio de la cual se eleve al rango político a que está llamado naturalmente; (2.º) 3.º los tres grandes estados de Colombia disfrutarán de todas las inmunidades comerciales que se conceden a los istmeños por el nuevo arreglo mercantil, y en compensación éstos deberán gozar en las tres secciones confederadas los derechos que se acuerden a aquellos moradores, siendo como colombianos idénticos en derechos y deberes; (4.º-5.º) 6.º Panamá enviará diputados a Venezuela, Ecuador y Nueva Granada, para que instruidos sus gobiernos de nuestra transformación política, se logren los objetos consignados en esta acta; 79 Panamá conserva provisionalmente la

> Constitución y leyes de la república, en cuanto no se opongan a este libre pronunciamiento, así como sus armas y pabellón, en prueba de amor y amistad a la nación a que espontáneamente se unió en 28 de noviembre de 1821; 89 Panamá nombra y reconoce como jefe superior militar, hasta la instalación de la dieta territorial, al señor coronel J. E. Alzuru, y por jefe superior civil al señor José de Fábrega; estableciéndose por regla invariable, que jamás ni por pretexto alguno, los mandos civil y militar puedan ser ejercidos simultáneamente por una misma persona (9.º-10.-11.) 12. El jefe superior civil convocará para el 15 del próximo agosto una dieta territorial constituyente, compuesta de tantos miembros cuantos son los cantones que forman las dos provincias Panamá y Veraguas, y sancionará un reglamento particular de elecciones (13-14). El jefe superior civil accidental, Justo Paredes. El jefe superior militar, Juan E. Alzuru (siguen muchísimas firmas de personas notables).

Tal fue el pronunciamiento de Panamá en 1831, que tanto dio que decir. En la lógica de aquellos tiempos, se hizo delito de lo que no era sino el perfecto uso de un derecho popular, el derecho incontrovertible de la soberanía. Verdad es que los pronunciamientos comenzaban a desacreditarse; pero también lo es que en ciertos casos no hay otro modo de expresar la voluntad del pueblo, ni otra base de legitimidad que esa voluntad misma. ¿Qué otra cosa fue el acta de nuestra independencia, el acta de Bogotá en 1810, y todas las actas de las diversas provincias granadinas en las mismas épocas, sino pronunciamientos populares? Si se duda que hubiese habido espontaneidad en aquel acto, su mismo tenor responderá por la afirmativa, no menos que cuantas personas de aquel tiempo sean consultadas en Panamá. Ni siquiera hubo rebelión, en el sentido más lato que se quiera dar a la palabra; porque

Colombia había desaparecido, y la Nueva Granada aún no existía como nación. Venezuela rechazando la Constitución de 1830, y el Ecuador apartándose también poco después de la comunidad colombiana, habían hecho nugatoria la legitimidad representada por el vicepresidente Caicedo, aun después de la destrucción del gobierno intruso encabezado por Urdaneta. La Convención neogranadina estaba convocada; pero aún no se había reunido, y los istmeños podían enviar o no a ella sus diputados; y caso de enviarlos, darle instrucción de no aceptar para el Istmo una constitución que no estuviese fundada en el sistema federativo.

Júzguese pues con qué injusticia fueron molestados los señores José de Obadía y Mariano Arosemena por su participación, poca o mucha, real o imaginaria, en el pronunciamiento de Panamá. Ellos han debido, en mi concepto, dar por toda contestación, que el uso de la soberanía y de la voluntad popular es un derecho perfecto, y que cuando al usarla se procura el bien del país, donde se ha nacido, lejos de cometer un delito, se ejerce un acto de virtud, la virtud del patriotismo, porque la patria es esencialmente la tierra natal...

Empero la revolución del Istmo en 1831 tenía en su propio seno un germen de muerte. Habíase visto en la necesidad de conferir por derecho el mando de las armas, al mismo jefe que lo tenía de hecho. Era el coronel Alzuru uno de esos militares colombianos, que habían adquirido sus ideas de ciencia constitucional en los campos de batalla, y que por consiguiente no podían reconocer otra soberanía que la del sable. A poco de haberse hecho el pronunciamiento popular, viéndose apoyado por las poderosas razones de quinientas o más bayonetas, se declaró jefe único civil y militar, y entronizó uno de los más odiosos despotismos que soldado alguno llegó jamás a ejercer. Por ese tiempo el coronel Tomás Herrera había sido nombrado comandante general del Istmo por el gobierno del general Caicedo, que ignoraba lo que estaba pasando en aquel territorio. Todas las personas de alguna importancia en Panamá se declararon contra la tiranía de Alzuru, y de acuerdo con el coronel Herrera se propusieron derrocarlo por medio de las armas. El señor Obaldía hizo la campaña en unión del coronel Herrera, y con arrojo y estrategia dignos del mejor militar, tomó el castillo de Chagres. El señor Mariano Arosemena se incorporó a la división que mandaba contra Alzuru el general José de Fábrega. Así, cualquiera que hubiese sido la opinión de estos señores sobre el pronunciamiento popular del 9 de julio, demostraron prácticamente que si eran respetuosos a la voluntad del único soberano en las democracias, que es el pueblo, jamás transigirían con la usurpación ni el despotismo.

Vencido Alzuru por las fuerzas de Herrera y Fábrega en agosto del mismo año, la revolución quedó implícitamente cortada, no porque Herrera disintiese de los principios proclamados, como se verá después, sino porque nombrado jefe militar del Istmo por el gobierno que existía en Nueva Granada, hubiera considerado traición llevar adelante ideas políticas que pudieran chocar con los actos de la convención granadina. El dio naturalmente dirección a los negados, en el sentido de la sujeción del Istmo a Nueva Granada en los términos que se fijase para todas las secciones de la república. Además, nadie sentía ya sino el placer del triunfo obtenido sobre un tirano como Alzuru, que había llenado de espanto al territorio del Istmo; y por una confusión mental naturalísima en semejante caso, la revolución quedó personificada en Alzuru, lo que equivale a decir que fue generalmente condenada.

Vengamos ahora a otra época más reciente y no menos interesante para el Istmo. Corría el año de 1840, y con él la furiosa tempestad política en que estuvo a punto de naufragar el principio de la legitimidad del gobierno. Esa revolución, injusta en su origen, había esparcido el desorden por todas partes. La mayoría de las provincias había negado su obediencia al gobierno constitucional, y erigido gobiernos de hecho. La acción de la Polonia había puesto en los mayores apuros al poder ejecutivo, quien por circular a los gobernadores fieles, había declarado su importancia de salvar la Constitución, y aconsejaba tomar el partido que pareciese más conveniente. Insurreccionado el sur y la costa del Atlántico, el Istmo no podía comunicarse con la capital de la república. Hízose pues lo que siempre en circunstancias extremas. Reuniéronse los padres de familia en Panamá a mediados de noviembre, y el resultado de esa reunión fue proclamar un gobierno propio, y la convocatoria de una convención constituyente. Pero aun entonces no se trató sino de un sistema federal, sin romper del todo con la Nueva Granada. Así lo aconsejó a la convención el coronel Tomás Herrera, jefe superior nombrado, en su mensaje del 19 de marzo, y así se hizo por la ley fundamental, cuyos artículos principales voy a transcribir:

> La convención del Estado del Istmo, considerando: 1.º que la mayoría de las provincias de la Nueva Granada se han pronunciado expresamente en contra del gobierno central, separándose de él y proclamando la federación, rompiendo así completamente el pacto social de 1832; 2.º decreta: Artículo 1.º Los cantones de las antiguas provincias Panamá y Veraguas compondrán un estado independiente y soberano, que será constituido como tal por la presente convención, bajo el nombre de Estado del Istmo. Artículo 2.º Si la organización que se diere la Nueva Granada

fuese federal y conveniente a los intereses de los pueblos del Istmo, éste formará un estado de la federación. Y único. En ningún caso se incorporará el Istmo a la república de la Nueva Granada bajo el sistema central (artículo 3.º, 4.º y 5.º) Panamá, 18 de marzo de 1841. El presidente, José de Obaldía. El vicepresidente, Mariano Arosemena, etc, etc) 20 de marzo. Cúmplase, circúlese y publíquese. Tomás Herrera. Por S. E. el Jefe superior del Estado, Agustín Arango.

No se limitaron a esto los trabajos de la convención, que en realidad llenó cumplidamente su objeto, dando una Constitución y muchas leyes importantes. Un año entero duró el Estado del Istmo. Las atenciones del gobierno nacional en aquella cruda guerra no le habían permitido excitar formalmente a las provincias de Panamá y Veraguas a reincorporarse a la Nueva Granada bajo la bandera constitucional de 1832. Pero en diciembre de 1841, cuando ya todo el resto de la república había vuelto al punto de partida de 1839, el Istmo pobre, débil y amenazado con todas las fuerzas victoriosas en Huilquipamba, Aratoca, Tescua y la Chanca, mal de su grado renunció a un estado de cosas que había sido siempre su gran desideratum, y que había demostrado la posibilidad de marchar útil y airosamente por el camino emprendido. Las provincias istmeñas volvieron, como la cola de un cometa, a girar por la fuerza tras el cuerpo del astro, que se extendía de Riohacha a Túquerres, y del Chocó a Casanare.

Resumiendo la historia del Istmo, desde su descubrimiento y colonización por los españoles, tenemos que ha sido alguna vez independiente de Nueva Granada, tanto bajo el dominio español, como bajo el de la república: en aquél, al principio y al fin de coloniaje; en ésta, cuando se disolvió Colombia, y cuando estuvo en riesgo de disolverse la Nueva Granada.

La voluntad de aquel país de tener un gobierno propio y completo, con el menor sacrificio posible en obsequio de una gran nacionalidad, no puede ser más clara. ¿Merece o no esa voluntad que se la consulte? No hay en política otros principios de razonamiento que el filo del sable, la presunta voluntad de Dios, el respeto a la tradición, y la voluntad del pueblo, es decir, fuerza bruta, autocracia, aristocracia y soberanía popular. Todos aquellos que condenen las indudables manifestaciones del pueblo, condenan su soberanía, y más o menos implícitamente arguyen con alguno de los otros principios.

La opinión, las costumbres y las instituciones tienen condenadas entre nosotros la aristocracia y la autocracia, el poder civil de los pergaminos y de las sotanas; pero no han condenado todavía enteramente la fuerza brutal, el sable. En las naciones europeas hay frecuentes ejemplos que muestran el predominio de ciertas consideraciones superiores a la fuerza física. ¿Qué sería de la Suiza, de la Bélgica, de la Holanda, Módena, San Marino y tantas otras nacionalidades pequeñas, si aún reinasen de lleno en Europa las ideas que presidieron al repartimiento de Polonia? Entre nosotros, aún tienen poco influjo las consideraciones tomadas de la moral y de la soberanía del pueblo. Pero han progresado algo en estos últimos tiempos, y gozando ya de las más amplia libertad de imprenta, toca a su inmenso poder interponerse en la lucha que han sostenido con la fuerza, prestarles su decidido apoyo, y sacarlas triunfantes, Conquistándoles para siempre el absoluto dominio en el pensamiento y en las acciones de los hombres.

IV

Palpando esa voluntad constante y esa necesidad imperiosa del Istmo de Panamá de constituir un estado soberano, aunque no independiente, cuyo gobierno satisfaga sus exigencias de un carácter tan particular, propuse al Congreso desde 1852, en que por primera vez tuve la honra de ocupar un asiento en las cámaras como representante por mi provincia, el proyecto cuya discusión aún no ha terminado.

Si hubiese solo de juzgar por el éxito que tuvo en las dos cámaras legislativas, y por el voto de personas notables fuera de su seno, apenas tendría la menor aprehensión por su final resultado; porque la Cámara de Representantes lo adoptó por más de los cuatro quintos de sus miembros en los tres debates, la del Senado en 1854 le dio una aprobación unánime en casi todos ellos, y personas tan competentes y autorizadas como los señores Obaldía, Plata y Pombo, miembros de la administración acogieron la idea con aplauso desde que fue iniciada. Por lo que hace a la provincia que me envió a representarla, su aprobación a mi conducta se infería ya de la reelección para el Senado, con que me honró en 1853, si no tuviese signos más explícitos de que mis opiniones se hallaban perfectamente de acuerdo con su voluntad.

Muy agradable fue mi sorpresa en 1852, al ver el cambio favorable de las ideas en un asunto tan importante. La federación, cuyo solo nombre espantaba algunos años atrás, era acogida sin recelo para el Istmo, y aun por muchos para toda la Nueva Granada. Consuela verdaderamente el observar la marcha expedita que entre nosotros llevan las ideas civilizadoras, muchas de las cuales encuentran al principio la natural oposición que engendra el hábito, y la desconfianza de ensayos sobre los que no se han formado opiniones fijas;

pero cuyo éxito definitivo es indudable en el país donde la discusión es más libre y por lo mismo más provechosa.

No obstante las favorables presunciones que rodean al proyecto de estado federal, tengo razones para tratar de nuevo esa cuestión vital, extendiéndome todo lo que sea posible en el corto tiempo de que puedo disponer. Después de las tremendas crisis como aquella que acabamos de atravesar, es muy frecuente caer en la duda y en el desaliento: falta la fe en el porvenir y en el buen éxito de los proyectos; témense nuevos trastornos de la menor innovación, y en vez de atribuir los males a la situación presente, la desconfianza ciega hasta el punto de atribuirlos a todo y en especial a las reformas. Pudiera preguntarse a los meticulosos y pesimistas si los efectos no tienen causa, y si las causas de lo sucedido deben buscarse en el futuro o en el pasado. Semejantes cuestiones parecen ofensivas al buen sentido, y con todo, muchas personas obran como si tuviesen necesidad de resolverlas.

En estas circunstancias de escepticismo y de vacilación, he podido apercibirme de dos objeciones que se susurran contra el proyecto de estado federal, con esa misma desconfianza propia de la época, y de toda objeción débil hecha de buena fe.

1.º Táchase el proyecto de anómalo, porque establece para una sección de la república una organización política especial, distinta de la general y común a las otras secciones.

2.º Tómese que la reforma de la Constitución justifique en cierto modo el atentado del 17 de abril, fundado aparentemente en los defectos de nuestro código político.

Aquellos que piden simetría en las instituciones y en el gobierno, debieran considerar que si ella se tiene como perfección en ciertos trabajos del arte, la naturaleza la rechaza en todas sus obras, y que las leyes, retrato fiel de las necesidades y de la naturaleza humana, no son más útiles cuando lo arreglan todo a guisa de jardín francés, que cuando a imitación de los sistemas planetarios, aparentan desorden, pero ocultan grandes miras, a los ojos de sabios superficiales como el rey don Alfonso. Nivélense primero las situaciones topográficas, los climas, las producciones, las industrias, las relaciones mercantiles, y por consecuencia los intereses de todos los pueblos, y podrán entonces fabricarse, como si fuese en molde, leyes idénticas para todos ellos.

Pretender que una región marítima, distante, aislada, sin punto alguno de contacto en su naturaleza física, moral e industrial en el resto de la Nueva Granada, como sucede al Istmo de Panamá, se rija por un gobierno idéntico al de las otras secciones, prueba, cuando no ignorancia de su especialidad, espíritu mezquino y desconfiado.

Ya he tenido antes ocasión de decirlo. Abrase el mapa de la América, póngase en manos de un extranjero poco versado en la geografía americana, márquese el Istmo de Panamá, y pregúntesele a qué nación pertenece, o si más bien no cree que constituya un estado independiente. Es muy probable que al observar su singular posición, piense que no hace parte de los estados vecinos, pero a lo menos es seguro que no verá razón para conjeturar que corresponde a la Nueva Granada, si no son los colores que el artífice, más versado en el asunto, puso en el mapa con el designio de separar sobre el papel las diferentes nacionalidades.

Si la república quiere pues, como no hay duda, conservar la posesión del Istmo, se halla en el deber estricto de darle instituciones políticas, que le permitan marchar con desembarazo, sin obligarle a dirigir frecuentes solicitudes, que muchas veces no son atendidas, o lo son muy tarde, a medias, y desvirtuadas por restricciones y cortapisas.

Puede creerse por algunos que la especialidad del Istmo exige con efecto una legislación secundaria particular, mas no gobierno, instituciones políticas, distintas de las del resto de la Nueva Granada. Pero ¿quién expide esa legislación? Desde que se admite la necesidad de leyes especiales para un pueblo, está implícitamente reconocida la necesidad del sistema federal, o se incurre en los mayores absurdos. Contrayéndonos al Istmo, ¿quiérese que el Congreso de la Nueva Granada le dé sus leyes particulares? Véanse las consecuencias, que solo se esconderán a los que rehúsen descender al terreno de los hechos, o tengan poca experiencia de nuestra maquinaria legislativa.

1.º El Congreso carece de interés en consagrarse a leyes de carácter local. Cualquiera que haya asistido a la Legislatura nacional sabe muy bien cuántos esfuerzos cuesta vencer la repugnancia que inspiran semejantes proyectos, y fijar la atención de los diputados, que de ordinario los miran, cuando no con prevención, con la mayor indiferencia.

2.º Carece asimismo de los conocimientos indispensables para legislar sobre un país, que pocos de los que toman asiento en las cámaras han visitado, y mucho menos estudiado. Si quieren todos los diputados juzgar por sí mismos, cometerán errores crasos e inevitables. Si descansan en los representantes de las provincias interesadas, la sanción de las leyes por la autoridad del Congreso es una pura farsa, pues que en realidad viene a ser obra de unos pocos. ¿Y cuánto mejor no sería que ese tremendo poder residiere en una legislatura seccional, en la legislatura del Estado, compuesta de varios miembros, que por su número y por el teatro de sus operaciones, a la vista de sus comitentes, darían mayor garantía de honradez y de luces?

3.º Los reglamentos de las cámaras solo conceden una hora cada día para la discusión de los negocios particulares, entre los cuales se enumeran los que solo atañen a una localidad. Si se tratase de códigos extensos para el Istmo, que tanta urgencia tiene de cambiar toda su legislación, ¿cuánto tiempo sería preciso para expedirlos?

4.º Aun los informes de los diputados del Istmo faltarán, pues pronto llegará el día en que ninguna persona capaz de representar aquellas provincias acepte ese difícil encargo. Su enorme distancia a la capital hace perder la mitad del año en viajes y sesiones, y los negocios personales sufren con el abandono, perjuicios que la remuneración de los fondos públicos no compensa. Háblese si se quiere de patriotismo; siempre creeré que esa virtud es rara cuando entra en lucha con el interés individual. Pero aunque combatiese ventajosamente la propensión a adquirir, no saldría tan airosa en pugna con el sentimiento de la propia conservación. La variedad y el rigor de los climas que un diputado del Istmo tiene que arrostrar en su peregrinación al santuario de las leyes, le amenazan de muerte; y así no debe extrañarse que cinco miembros del Congreso enviados por aquellas provincias, hayan perecido desde que se constituyó la Nueva Granada, ya en vía, ya en la capital, ora de enfermedades, ora de accidentes ocasionados por semejante viaje.[1]

De la indiferencia, falta de conocimientos, o escasa consagración, que hemos visto ser inseparables del manejo de asuntos locales en el Congreso, nacen las negativas, demoras o desaciertos, que no tendrían lugar en una legislatura seccional. Un solo ejemplo manifestará lo que puede esperar el Istmo del Congreso nacional, en materia de legislación se-

1 Esos señores han sido: Pablo José López, Agustín Arango, Luis G. de Paredes, José María Castro y Tiburcio A. León Narvaéz. (N. del A.)

cundaria. La gran reforma financiera que tuvo lugar en 1849, y que solicitó del Congreso para las provincias del Istmo el presidente Mosquera, se había pedido en vano por sus diputados ¡durante quince años! Aunque muy joven entonces, recuerdo bien los afanes, esfuerzos y disgustos de los representantes del Istmo por los años de 1835, cuando después de haber hecho adoptar un proyecto de franquicias comerciales, fue convertido en objeto de burla por su artículo final, que difería sus efectos hasta la época en que se construyese un camino de carriles de hierro. Hoy mismo la legislación fiscal requiere allí medidas urgentes para reparar la bancarrota de las rentas provinciales de Panamá. ¿Cuándo y cómo se dictarán esas medidas por el Congreso, cuyo concurso desgraciadamente se necesita para la exacción de contribuciones reservadas al gobierno general, y que allí no se cobran?

Deduzco de lo expuesto, que la objeción cifrada en la anomalía, no expresando inconvenientes, queda reducida a puro sentimentalismo: bienes o males, en una o en otra forma, es lo único que puede alegarse con fundamento en favor o en contra de una institución; lo demás puede expresar inclinación o repugnancia, pero como estos motivos son esencialmente personales, los argumentos o las palabras que dictan a nadie convencen. Veamos si la otra objeción es más sólida.

¿Quién está persuadido de que el levantamiento de abril tuvo por verdadera causa los defectos de la Constitución? ¿Quién sostendría que los defectos reales o supuestos de una constitución, obra libre de la representación nacional, autorizan ni aun disculpan la rebelión, en un país donde todo puede discutirse, y donde la verdad, o a lo menos la voluntad del pueblo, tiene que triunfar definitivamente?

La rebelión de abril tuvo estas causas muy conocidas: 1.ª el menoscabo de las facultades ejecutivas, que permitían al presidente corromper al poder legislativo y falsear el sufragio popular; 2.ª la ley de pie de fuerza, que daba un número inferior al que pedía el ejecutivo, y que excluía del servicio activo la clase de generales; 3.ª el juicio promovido por el asesinato del cabo Quiroz, imputado al general José María Mela, jefe de la guarnición de Bogotá. Las dos últimas causales determinaron el momento de la rebelión; pero la primera estuvo obrando desde mayo de 1853, y había ya en realidad producido grandes males ofendiendo la dignidad del Congreso. Pudiera extenderme sobre esta materia, si no temiese apartarme de mi principal objeto, y lo que es peor, anticipar un fallo que como senador debo dar en el juicio contra el presidente de 1853. Pero lo dicho basta para encontrar la clave del motín militar del 17 de abril. Que los revoltosos buscasen y adujesen éstos o aquéllos pretextos, nada significa. La nación conoce sus motivos, y poco importa lo demás.

Sabido es también que la reforma apetecida por los amotinados, y que ellos se habían arrogado el derecho de hacer por sí mismos, nada tenía que ver con el régimen municipal, y menos con el Estado federal del Istmo, pues este proyecto tuvo su nacimiento desde 1852, antes de la actual Constitución, y él es una necesidad de todos los tiempos, que no arguye más contra la constitución de 53, que contra la de 43 o la de 32. ¿En qué forma podría pues debilitar la criminalidad del atentado cometido por Melo y compañía, la creación del Estado federal de Panamá? Por lo que a mí hace, declaro que no lo comprendo.

Quiero no obstante dar más ensanche a la objeción, y suponer que se tratase de una reforma general o sustancial de la Constitución. Ni aun entonces pudiera temerse dar con ello armas a los rebeldes. Que la Constitución se altere o no, será igualmente defectuosa. La infalibilidad no ha sido dada al Congreso como a la Iglesia Católica, y si al rehusar toda reforma de la Constitución vigente quiere el Congreso persuadir que son leves sus defectos, cada hombre de sano juicio pensará siempre lo que su razón le dicte; pero aunque hallare que la Constitución es monstruosa, jamás deducirá que el motín militar de abril es justo ni aun excusable. Estos principios afortunadamente han hecho su camino entre nosotros, y aun las personas que prostituyen lenguaje para fingir sinceridad y justicia, saben muy bien que las vías de hecho no son aceptables en los países constituidos por los delegados del pueblo, y en donde hay fácil y seguro remedio para los males públicos, cuando son reales y no la invención de tiranuelos ambiciosos.

Si algo pudiera justificar la insurrección en un país constituido y libre, sería precisamente el capricho en los legisladores de no hacer reformas necesarias, después de probados los grandes defectos de la Constitución. Ni hay plazos acordados para efectuar una reforma. El respeto que con justicia se quiere conciliar a las instituciones políticas, procede más de su excelencia que de su antigüedad. Mientras más dure una mala constitución, mayores serán los males que ocasione. Dejémonos pues de sostener ficciones: estudiemos el Código de 1853, y si encontramos que adolece de graves errores, apliquémonos con calma, franqueza y circunspección a corregirlos, sin renunciar a las gloriosas conquistas que ha consumado y que debemos conservar a todo trance.

Casi todas nuestras constituciones han sido obra de un partido victorioso, y por lo mismo han tenido por antagonista en el cuerpo constituyente un partido en minoría. Esta circunstancia, que las ha hecho reaccionarias, les ha comunicado también cierta armonía y unidad de plan. Tan solo la de 1853 forma excepción, y ofrece la singularidad de ser el resultado de tres partidos luchando sobre la misma arena. El radical quería que la reforma fuese del todo acorde con sus ideas, y de éstas unas se referían al poder ejecutivo y otras eran ajenas de esta rama del gobierno. El partido conservador hasta 1849 era ahora de oposición, y pretendía: 1.º reducir a justos límites las grandes facultades del poder ejecutivo, que se ingería demasiado en el legislativo y en el sistema electoral; 2.º Recobrar su ascendiente por medio de una nueva organización del sufragio. En su primer objeto tenía por colaboradores a los radicales; en el segundo no le hostilizaban, porque, sinceros y consecuentes, querían la república, quienquiera que gobernase. El partido ministerial defendía las prerrogativas del poder ejecutivo, y en el fondo era adverso a la reforma; contrariaba al conservador en sus dos pretensiones, y se le unía contra el radical en ciertas cuestiones subalternas en que ambos eran estacionarios. De este palenque salió la Constitución de 1853...

Unidos en un solo objeto los partidos conservador y radical, fijaron en él de preferencia su atención, y descuidaron hasta cierto punto lo demás. De aquí que la Constitución no haya sido perfecta, sino en cuanto garantiza la independencia del poder legislativo y de la urna electoral. Todo lo que eso no sea, abunda en vacíos, errores y contradicciones. Porque los dos partidos generadores de la Constitución, aunque por distintos motivos, no han visto su obra sino como de transición. El uno esperaba subir al poder para retocarla según los principios conservadores. El otro franquear la discusión, y garantizar la conciencia de los legisladores, para arribar gradual y completamente a las ideas radicales. Puede ser que los ministeriales considerasen duradera y definitiva la reforma, y por eso los que de ellos preferían sus medros personales al predominio de la legitimidad, se lanzaron en la rebelión; pero los otros dos partidos nunca han mirado sino como el preludio de sus designios la famosa Constitución, que tantas novedades introdujo, que sin embargo de sus defectos abundaba en positivos e inmediatos beneficios, y que bajo todo respecto debía sostenerse. En esta magna y heroica lucha han visto engrosar sus filas por los ministeriales honrados, que no defendiendo su obra, han comprobado por lo mismo una rara moralidad, digna de los mayores encomios.

No conduce a mi propósito hacer aquí el juicio crítico de nuestra Constitución actual; pero no puedo prescindir de anotar los defectos relacionados con el asunto que me ha puesto la pluma en la mano.

Era muy común la persuasión de que este Código había fundado el régimen municipal, dándole una amplitud que no tenía, y lo que es más, vida propia tomada de la fuente de los otros poderes. Pero el Congreso de Bogotá en 1854 ha venido a quitar la venda, y a mostrar, después de muchos e interesantes debates, principalmente en el Senado, que lejos de haber dado un solo paso adelante, hemos retrocedido.

No puede negarse que hoy el poder municipal se halla definido por la Constitución del mismo modo que los poderes nacionales; pero una atenta observación convencerá de que aunque se ha tomado otro camino, el camino recto, no se ha llegado sino cuando más al mismo punto en que estábamos en 1852. Esto depende de que no hay medio entre el centralismo y la federación, pues aunque en cierto documento del presidente Obando, en uno de los dos años anteriores, dijo que Nueva Granada podía jactarse de haber hecho un descubrimiento en política combinando los dos sistemas, los que se habían tomado el trabajo de estudiar con detención esas materias colocaron el descubrimiento entre aquellos que, como la cuadratura del círculo, o el movimiento perpetuo, implican contradicción.

Bajo un gobierno central, la legislatura constituida no puede hacer cosa alguna en favor del régimen municipal, sin delegarle una parte de sus atribuciones, o en otros términos, sin erigirse en poder constituyente. El exclusivo ejercicio por la legislatura de las funciones que le son propias, es una de las primeras garantías de la libertad. Desde el momento en que se admita la facultad de delegar sus atribuciones, empieza el peligro de que por incuria, o por asechanza de los otros poderes, vaya desprendiéndose de sus prerrogativas, que nadie sino el poder legislativo puede y debe ejercer, porque su origen, su organización, su inmunidad, todo en una palabra, se ha dispuesto de la manera más propia para que se haga con acierto. Por eso la Constitución de 1843 y sus predecesoras, prohibieron de una manera expresa a la legislatura que delegase sus atribuciones, y a pesar de eso autorizaba constantemente a las cámaras provinciales y al poder ejecutivo para hacer lo que no estaba en sus facultades ordinarias, lo que envolvía una doble violación constitucional; la del artículo citado que prohibía delegar, y la del que prescribía a cada poder mantenerse dentro de sus límites respectivos. El Congreso de la Nueva Granada estuvo por consiguiente infringiendo la Constitución, o de otro modo, adicionándola y erigiéndose en poder constituyente cada vez que le agradaba, durante la existencia de la república hasta 1853.

Convencidos los constituyentes de este último año de que el régimen municipal no podía, rigurosamente hablando, fundarse por la ley, ni quedaba suficientemente garantizado sino creándose y definiéndose por la Constitución, dijeron en el artículo 10:

> La República de Nueva Granada establece para su régimen y administración general un gobierno popular, representativo, alternativo y responsable. Reserva a las provincias, o secciones territoriales, el poder municipal en toda su amplitud, quedando al gobierno general las facultades y funciones siguientes.

Pero enseguida enumera como atribuciones propias y exclusivas de ese gobierno general todas las que tenía antes, reduciéndose por consiguiente las reservadas al gobierno municipal, a las mismas que le habían sido dadas por la ley durante el régimen que se creyó mucho más central. Y no solo eso, sino que como efecto inevitable del nuevo procedimiento, se restringió aún más que antes el gobierno municipal, porque correspondía ya de lleno al general el ejercicio de ciertas funciones que había graciosamente compartido con las corporaciones seccionales, Es que se quiso resolver el problema de la cuadratura del círculo, y preocupados los constituyentes con la idea de haberlo conseguido, despreciaron los ángulos imperceptibles que tenazmente resistían fundirse en una línea curva.

No puede ser efectivo el gobierno municipal, si no se le independiza de los otros poderes; y al darle vida propia la Constitución ha debido asegurársela, y no dejarle a merced de los poderes legislativo, ejecutivo y judicial, como lo ha hecho. El primero, por medio de interpretaciones arbitrarias de la Constitución, puede quitarle cuanto guste y adjudicárselo al Congreso, declarando que una función determinada se halla comprendida en cualquiera de las 13 enumeradas en el artículo 10, cuya latitud y vaguedad se presta a cualquier inteligencia. El ejecutivo suspende a los gobernadores, y esta suspensión se extiende a todo el tiempo que agrade a la corte suprema, que ordinariamente marchará de acuerdo con aquél; pero basta que llegue a un año el término para que se tenga por vacante el destino, y como no están obligados aquellos poderes a expresar causal de la pensión, resulta que en realidad tienen la atribución de remover libremente a los gobernadores, jefes del gobierno municipal en las provincias.

Tiene además la corte suprema la facultad de anular las ordenanzas de las legislaturas provinciales sin apelación al Congreso, y no podía haberse ocurrido un medio más calculado para hacer ilusorio el gobierno de las localidades. Siendo el caso de la anulación aquel en que una ordenanza se supone contraria a la Constitución general, ¿quién si no el poder a quien ya se había dado la atribución exclusiva de interpretar esa Constitución, era el llamado a resolver si una ordenanza la contrariaba o no? El Congreso además, compuesto de numerosos diputados de todas las provincias, recién llegados de sus localidades, y residentes en ellas todo el año, tiene mayor interés que la corte suprema en conservar las libertades municipales. Ese tribunal se forma comúnmente de hombres eminentes en el foro, pero de ideas antiguas, y por lo mismo adictos al centralismo. Su residencia es la capital, aun antes de su elección, porque es en la gran capital de un país regido centralmente donde se hallan los mejores letrados, y sin notarlo se inclinan preferentemente a todo lo que enrobustece a los altos poderes, aumentando sus funciones con detrimento del poder municipal, cuya amplitud no se echa de menos sino en las provincias, y sobre todo en las provincias distantes.

El corto tiempo que ha mediado de 1853 al presente nos suministra ya muchos ejemplos de la propensión de la corte suprema a restringir el poder municipal, por medio de interpretaciones de la Constitución, que con el mismo fundamento podrían haberse hecho en sentido opuesto. Según sus decisiones, una legislatura provincial no puede variar el nombre de la provincia, ni ordenar que se levante el censo de su población. No cito otros ejemplos, de los que resulta notablemente disminuido el poder de las legislaturas en virtud de la actual Constitución, porque respecto de ellas la culpa está bien en el código mismo, como vamos a verlo. Por el inciso 4.º del artículo 10, toca al gobierno general todo lo relativo a la legislación civil y penal, así en cuanto crea derechos y obligaciones entre los individuos, califica las acciones punibles y establece los castigos correspondientes; como también en cuanto a la organización: «de las autoridades y funcionarios públicos que han de hacer efectivos esos derechos y obligaciones, e imponer las penas, y al procedimiento uniforme que sobre la materia debe observarse en toda la república». Según este artículo, una legislatura provincial no puede dar un reglamento de policía sobre el modo de proveerse de agua en las fuentes públicas, estableciendo la prelación de los concurrentes, porque crearía derechos y obligaciones entre los individuos; no puede imponer ninguna pena correccional por la infracción de sus ordenanzas o acuerdos, porque sería calificar acciones de punibles y establecer los castigos correspondientes; no puede crear o suprimir un circuito judicial, separar en él los asuntos civiles de las criminales, ni disminuir o aumentar los jueces de una parroquia según lo exija la población, porque sería estatuir sobre la organización de las autoridades y funcionarios públicos que han de hacer efectivos los derechos y obligaciones e imponer las penas.

Pues bien: todas esas facultades tenían las corporaciones municipales antes de la liberal Constitución de 1853, y todas esas facultades deben tener siempre, si no se quiere encadenar a las secciones hasta un grado a que jamás había venido la tirantez del aciago centralismo. Dígase ahora si el gobierno municipal ha ganado o perdido con la nueva Constitución, que parecía ser su mejor y más ancho fundamento. Dígase si es posible marchar con ella mucho tiempo, sin hacer palmaria e insoportable la retrogradación que ha inducido en uno de los más importantes asuntos relacionados con la vida pública del ciudadano.

No ignoro que algunos hallan muy fácil remediar aquellos inconvenientes constitucionales por medio de explicaciones o delegaciones de la ley; pero una interpretación arbitraria es una violación, y el delegar las facultades del Congreso no es más lícito, pues que le vienen del poder constituyente, que ha deslindado todos los poderes constituidos, y echado una valla entre ellos en obsequio de la libertad. Los abusos cometidos por el Congreso a fuer de inmune e irresponsable, hollando la Constitución, que es la primera de las leyes, y que no es obra sino autor del cuerpo legislativo ordinario, tienden muchísimo más a enajenarle el respeto y la obediencia, que una reforma concienzuda y franca hecha por los trámites establecidos. Hoy menos que nunca puede suplirse con leyes la deficiencia constitucional del gobierno de las localidades, porque no es hoy la ley quien ha dado nacimiento ni desarrollo al poder municipal, y porque, según los términos expresos de la Constitución, lo que no corresponde al gobierno general toca al primero. El sistema de delegación no solo hace nugatorio el deslinde de los poderes general y municipal, sino que llevado a cierto extremo, burlaría también en algún caso las precauciones tomadas para la reforma de la Constitución. Si el Congreso, después de una división conveniente del territorio de la república, diese a grandes provincias todas sus facultades, reservándose las muy precisas para mantener la nacionalidad, ¿no habría, por medio de leyes, establecido la federación? ¿Y acaso la reforma constitucional sería menos positiva, porque un Congreso arbitrario e impudente, de miedo de hacerla por los trámites lícitos y honrosos, la practicase por caminos reprobados y arteros?

Parece pues evidente, que el régimen municipal como hoy se halla concebido, no satisface a las necesidades de las provincias; porque tratándose de resolver un problema insoluble, se ha temido reconocer abiertamente la soberanía de las secciones, y se las ha restringido queriendo libertarlas. Lo repito, entre la federación y el centralismo no hay término medio. Escójase con sinceridad, pero no nos engañemos por más tiempo, ni engañemos a la nación, cayendo todos en una red tejida por nuestras mismas manos. A nadie culpemos sino a nuestra inexperiencia política; pero si hay perdón para los errores del entendimiento, no lo hay para los de la voluntad, para la obstinación que sigue por el mal camino, después que se ha mostrado el precipicio a donde conduce.

V

Ha podido ya comprenderse que la Constitución de 1853 no ha sido el resultado de un plan armonioso, bien desenvuelto, practicable, que trajese consigo una mejora notable en el régimen municipal. Pero aún puedo presentar nuevos ejemplos, que persuadan de aquella verdad, sirviendo de demostración a ésta tres proposiciones:

1.º En la combinación municipal se ha pretendido un imposible;

2.º El Congreso, mal penetrado de la nueva base dada al gobierno municipal, quiere desarrollarlo por los medios antiguos;

3.º Ha sido también inconsecuente en las leyes secundarias que exigía la nueva Constitución.

1.º Una de las circunstancias que más ha alucinado en favor de la nueva combinación municipal, es la facultad conferida a las provincias para constituirse. Darse una constitución es en efecto ejercer la soberanía, es pasar al rango de entidad política con derecho propio, con representación propia; y la entidad que puede constituirse tiene por el mismo hecho la libertad de organizar su gobierno como a bien tenga. Todo eso significa la facultad de constituirse, o no significa nada, y no habiéndose querido lo primero al darla a nuestras provincias, hemos venido a parar en lo segundo.

¿Qué es, en efecto, lo que puede estatuir una provincia en su constitución? No la distribución y definición de los poderes provinciales, que se hallan distribuidos y definidos en la

Constitución general. No la suma de poder reservado a la legislatura, que lo recibe de la citada Constitución y lo que es peor, que le mira constante y arbitrariamente restringido por las leyes del Congreso y por las resoluciones de la corte suprema; no el modo de conferir las funciones ejecutivas, que se confieren según la ley de elecciones; no, en fin, la creación siquiera del poder judicial, complemento indispensable, por no decir elemento principal, de todo gobierno.

La constitución provincial apenas puede: organizar la legislatura en su parte material; determinar cómo se llenan las faltas temporales del gobernador, y crear corporaciones o empleados inferiores para que compartan con la legislatura las funciones dejadas al poder municipal. En la esencia esto no significa nada, y si no hubiese la plena convicción de que se ha incurrido involuntariamente en un grave error, pudiera sospecharse que el pueblo granadino había sido víctima de una funesta decepción, ejercida por los legisladores constituyentes en la ocasión solemne en que le brindaban con el sagrado paladión de sus libertades.

Como consecuencia necesaria e importante de la constitución propiamente dicha, la entidad constituida es árbitro soberano para decidir todas las cuestiones relacionadas con la legitimidad de su gobierno. ¿Y tiene hoy semejante poder la entidad provincial? ¿Le es lícito resolver sobre la legitimidad de un gobernador, que aunque jefe del gobierno municipal en la provincia, es también agente del poder ejecutivo nacional? ¿Y si la ambición ayudada del fraude o de la violencia, establece un gobierno de hecho en la provincia, violando su constitución, ¿a quién corresponde el derecho de juzgar sobre la usurpación y restaurar el imperio de las instituciones provinciales? ¿El pueblo, el soberano donde quiera, tendrá en la provincia los últimos poderes que se reserva para el caso extremo en que la voz de las autoridades constituidas no llega a hacerse oír? Bajo la influencia de una verdadera constitución, todas esas cuestiones desaparecen, porque no tienen sino una solución posible.

Voy a presentar varias cuestiones prácticas, cuya solución creo que será embarazosa para el poder ejecutivo. La provincia de Chiriquí ha elegido de gobernador a un extranjero no naturalizado, a un individuo, que prescindiendo de su mérito personal, carece de los derechos de ciudadano granadino. ¿Reconoce el poder ejecutivo la legitimidad de esa elección? Caso negativo, ataca la independencia del poder municipal; caso afirmativo, falta a la Constitución general, que le impone el deber de cuidar de su observancia, que exige la cualidad de ciudadano para ser gobernador, y que le da este funcionario como agente de la administración nacional.

La legislatura provincial de Azuero, convocada extraordinariamente por el gobernador, que estaba a punto de morir, remueve al vicegobernador, mucho antes de terminar su período de dos años, y nombra otro, sin que la Constitución municipal autorizase tal remoción. La distancia a que se halla aquella provincia de la capital dio tiempo a que el nuevo vicegobernador, habiendo entrado al mando por fallecimiento del gobernador, y siendo el autor de todo aquello, se hiciese elegir para la plaza vacante, auxiliado por ciertos asesinos que eran el terror de la provincia. Suponiendo que ella gozase del beneficio que tienen las cercanas, recibiendo prontamente una resolución suprema en casos graves, ¿cuál hubiera sido la del poder ejecutivo en el de que se trata? Por lo que entiendo, ni él ni la corte suprema se creen con facultad para improbar aquellos atentados, que consideran pertenecientes al orden municipal, y que no tienen el carácter de ordenanzas; pero lo cierto es que tales medios, aparte de la violencia inferida, y de la irregularidad ejecutada, se da y se quita discrecionalmente el poder ejecutivo un agente suyo, sin observar los preceptos constitucionales.

La legislatura provincial de Cartagena ha desconocido al gobernador doctor Rafael Núñez, considerándole ilegítimo. El poder ejecutivo le tiene por constitucional, y algunos concejos municipales y ciudadanos particulares le han ofrecido obediencia y respeto, no obstante la resolución de la legislatura. ¿Despreciará el poder ejecutivo esta resolución? Si lo hace, coarta la independencia municipal, y desvirtúa el carácter de la gobernación, que es esencialmente popular. Si no lo hace, tiene que recibir de la provincia un agente quizás ilegítimo, y autoriza a la legislatura para cometer cuantos abusos quiera discurrir una corporación irresponsable.

Han sido suspendidos por más de un año los gobernadores de Cartagena, Azuero y de alguna otra provincia. El destino se ha declarado vacante, y van a hacerse nuevas elecciones. Supóngase, lo que es posible, que resultasen otra vez electos los mismos individuos suspensos. ¿Reconocería el poder ejecutivo la legalidad de ese acto? Si la reconoce, anula los efectos de la suspensión, causa los males que con ella quiso evitar, y es burlado por las provincias electoras. Si no la reconoce, contraría la libertad de las elecciones y la independencia del régimen municipal, y no podrá fundar su desconocimiento en falta de requisitos en el candidato, porque la cualidad de suspenso no inhabilita según la ley. Pudiera conciliarse la dificultad admitiendo la validez de la elección para la época en que hubiese terminado el período por el cual se suspendió al funcionario. Pero ¿quién quitaría que la provincia considerase la nueva elección como independiente de la primera y de todos sus efectos? ¿Quién negará que en todo caso habría habido pugna, y aun escarnio de las funciones ejecutivas?

2.º En las sesiones de 1854 hemos visto proyectos legislativos, por los que el Congreso se proponía atribuir ciertos negocios a las legislaturas provinciales, y al mismo tiempo fijarles bases, condiciones o reglas de que no debían apartarse. Tal sucedió con el establecimiento de guardias o milicias provinciales. Se admitía la conveniencia de adscribir esta institución al régimen municipal, se dudaba si constitucionalmente le pertenecía, y a la vez se recelaba de que las legislaturas procediesen acertadamente sin las reservas y restricciones del tutor. Todo quería conciliarse diciendo: «corresponde a las legislaturas provinciales el establecimiento de una milicia o guardia municipal, sobre las bases y condiciones que prefija esta ley».

Era esto volver sin advertirlo al sistema anterior a la Constitución de 1853, el sistema que fundaba el poder municipal en concesiones de la legislatura nacional. Porque si no se trataba de conceder un favor, de hacer una delegación, se incurría en una contradicción manifiesta. ¿Resolvía el Congreso, interpretando la Constitución, que era propio y natural de las provincias, conforme al artículo 10 de esa misma Constitución, el establecimiento de guardias municipales? No ha debido ni podido entonces restringir sus facultades, imponiéndoles condiciones y fijándoles bases. Decidía el Congreso que la atribución de que se trata le era propio y exclusiva según el mismo artículo 10? No ha podido constitucionalmente delegarla a las provincias, porque al reservársela el código político general, ha manifestado muy claramente su voluntad de que no la tuviese sino el mismo Congreso.

3.º Cuando una reforma tan premeditada, tan largo tiempo ofrecida, tan seria y trascendental como la que se inició en 1851 y tuvo fin en 1853, se emprende concienzuda y sistemáticamente, no se limita a expedir un folleto de unos cuantos artículos, denominado Constitución: la reforma se extiende a todas las partes de la legislación que se enlazan, y no se dejan en pie instituciones contradictorias, que comprometen el éxito de la alteración cardinal, echando sobre ella la responsabilidad que no debiera adjudicarse sino a la inconsecuencia de los legisladores. De los actos legislativos que como complemento o desarrollo de la Constitución debía inmediatamente sancionar el Congreso, unos fueron acordados desde 1853, con la festinación que imprimían los acontecimientos de mayo y junio, y otros no han merecido la atención o las simpatías de ambas cámaras ni aun en el año siguiente. A los primeros pertenece la ley de elecciones y la de emancipación religiosa; a los segundos la de enganchamiento para el servicio militar y la nueva división del territorio de la república.

Sancionar el principio del habeas corpus inglés, declarar que no se puede prender o detener a un hombre sino por motivo puramente criminal, y al mismo tiempo dejar subsistente el ejército sin nuevas reglas para su reemplazo, era desconocer la naturaleza de la reforma o la extensión de sus consecuencias, y poner en conflicto al poder ejecutivo, que teniendo a la vista disposiciones encontradas, debía naturalmente decidirse por las que estaba acostumbrado a cumplir y por las que daban mayor fuerza a su poder. Siguió el reclutamiento, y aunque él no pueda sostenerse hoy después de los principios admitidos en el país, tampoco sería justo hacer responsable al poder ejecutivo por haber continuado administrando el ramo militar según las únicas leyes que todavía lo arreglan.

Del mismo modo, hacer electivo el empleo de gobernador en las provincias, darle mayor importancia y menor dependencia del poder ejecutivo dificultando su separación aun en los casos de ineptitud o culpabilidad, y sin embargo dejar la elección a cargo de pequeñas provincias, sin suficiente libertad, sin bastante caudal de conocimientos, y sin considerable número de candidatos, era anular los buenos efectos que del sistema electivo aplicado a los funcionarios municipales debieran esperarse.

En efecto, cualesquiera que sean por otra parte las ventajas o los inconvenientes de las grandes provincias, ellas venían a ser lógica consecuencia del ensanche que se había intentado dar al régimen municipal, y de la elección popular de los gobernadores. Así creo que lo persuaden las consideraciones siguientes:

1.ª El régimen municipal es ilusorio si las provincias carecen de recursos para mantener su categoría pagando sus gastos necesarios, y para emprender algunas obras de común utilidad. Las provincias grandes traen consigo un aumento en sus rentas particulares, y una economía en los gastos públicos que haría esa misma población, dividida en dos, tres o más provincias pequeñas.

2.ª Mientras mayor es el número de electores, mayor caudal de luces, y por consiguiente mayores probabilidades de acierto, se reúnen en su favor. Son también menos susceptibles de ceder a influencias perniciosas, que con frecuencia se ponen en juego durante las elecciones. Una provincia pequeña se halla por lo mismo menos apta y menos libre para hacer su designación de gobernador, que una provincia grande, en la cual las ambiciones maléficas no pueden extender mucho su influencia, ni ahogar las nobles ambiciones o la influencia del mérito, cuya modestia misma le da esa gran extensión llamada popularidad.

3.ª Las provincias se inclinan siempre a elegir sus gobernadores de entre sus mismos prohombres, que son los más conocidos y los más influyentes. El círculo de candidatos es por lo mismo mucho mayor, y mayor también es la probabilidad de una acertada elección, a medida que la provincia es más poblada.

En el curso del último año han tenido lugar en el Istmo graves desórdenes, cuya relación omito por no hacerme demasiado difuso, y porque eso no tendría interés para la generalidad de los lectores de este artículo. Sus causas son la pequeñez de aquellas provincias, la falta de imprenta y de opinión ilustrada en algunas, y más que todo la enorme distancia a que se hallan del centro de la república, a donde tienen en definitiva que ocurrir por remedio para muchos de sus males. Las providencias del poder ejecutivo, que antes de ahora no siempre han sido oportunas en los negocios de las citadas provincias, llegan tarde en todo caso, y aun aquellas que, como las de la actual administración, han sido cuidadosas, prontas y enérgicas, no pueden surtir su efecto con la presteza que convendría. Mas la creación del estado de Panamá equivaldría a acercar el poder ejecutivo, como también acercaría el judicial en la última instancia, que hoy aumenta considerablemente la proverbial lentitud de nuestros juicios.

Ahora pues, si los males que hoy proceden de la corta extensión de las provincias istmeñas acabarían formándolas mayores, no así otros inseparables de la distancia, y de la falta de ciertas leyes, que en vano espera de la legislatura nacional, y sin las cuales no puede pasarse más tiempo.

Entre los negocios reservados al Congreso se halla toda la legislación civil y penal, y ya hemos visto una de las graves perniciosas consecuencias que para el régimen municipal se siguen de esta disposición, mucho más precisa hoy de lo que lo era antes. Pues bien, esa legislación que solo el Congreso General puede expedir, es insufrible según su estado actual, y no se ve ninguna probabilidad de un cambio pronto y completo.

Bien mirado, la administración de justicia es el fin cardinal del gobierno que han establecido los hombres; porque si ellos vivieran en paz, el gobierno sería innecesario. Las combinaciones políticas no tienen otro objeto que hacer positivas y duraderas las garantías individuales, y éstas no se aseguran sino por medio de un buen sistema judicial. La excelencia de las leyes sustantivas, la rectitud y presteza de su aplicación por las adjetivas, la responsabilidad de los funcionarios públicos de todo género; he aquí lo que interesa al hombre social, y he aquí el único objeto con que sostienen y pagan a las autoridades que dirigen una buena parte de sus acciones. Veamos ahora cuál es el estado de esa legislación sustantiva y adjetiva en la Nueva Granada, y qué esperanza podemos abrigar de su reforma mientras esté reservada al Congreso.

Nuestra legislación civil sustantiva tiene hoy la misma base que seis siglos atrás. Las leyes de partida son todavía la fuente principal de donde se toman las reglas de conducta de nuestra sociedad moderna, y esas leyes están en perfecto desacuerdo con nuestras costumbres, con nuestros conocimientos, con nuestra civilización y hasta con nuestro lenguaje. De aquí que muchas sean del todo ininteligibles aun para los hombres más dedicados a su estudio. Posteriormente y en distintas épocas, ese código magnífico en su tiempo, pero monstruoso en el nuestro, se ha adicionado, interpretado y alterado por multitud de actos, en que cien reyes han impuesto su voluntad, sus opiniones, sus caprichos, o los caprichos, las opiniones y la voluntad de sus favoritos, a un pueblo dócil y supersticioso regido por la férrea mano de un monarca absoluto.

En el procedimiento para aplicar esas leyes se ha logrado una pequeña mejora; pero por actos parciales y aislados, cuyo punto de partida aún debe buscarse en la legislación española. Multitud de prácticas autorizadas carecen de fundamento en la ley escrita, y no tienen más apoyo que la opinión de un rancio expositor convertida en uso general. Puede concebirse la dificultad de estudiar esa parte consuetudinaria y tradicional de la legislación, patrimonio de pocos, y cuya oscuridad y embrollo es el terror de los litigantes honrados, como hace el mejor arsenal, de donde la perversidad saca armas para cometer todos los delitos, al amparo del juez que la ley había establecido para castigarlos.

Toda persona debe conocer las leyes y a nadie excusa su ignorancia; es un principio que ellas mismas han establecido, y que se ha convertido en un absurdo, siendo imposible su realización. ¡Cómo!, ¿sería posible que un infeliz agricultor, un pobre artesano, un tendero ocupado en su comercio, tuviesen dinero para comprar, ni tiempo para estudiar, ni inteligencia para comprender, los enormes volúmenes de las partidas, los fueros real y juzgo, las recopilaciones nueva, novísima y de Indias, con nuestra recopilación y apéndice por añadidura? El libro de la ley, como el de la Biblia, debe hallarse siempre en el aposento de todo ciudadano; pero no será sino cuando aquél, lo mismo que éste, pueda consistir en un solo volumen, lo que es más hacedero de lo que se piensa. Pasaron por fortuna los tiempos en que la ley determinaba el número de potajes que un hombre podía colocar sobre su mesa, y el número de hilos que debían entrar en la tela de sus vestidos. Pasaron para no volver, y hoy la legislación, reducida al limitado espacio que le dejan y que constantemente le aminoran las costumbres y la opinión pública, puede concebirse toda en un volumen mucho menor que la Biblia. Solo entonces podrá obligarse a su conocimiento; entonces no será cruel, como hoy, echar sobre un pobre campesino las deudas de su padre difunto, porque ignoraba el deber de practicar inventarios dentro de cierto tiempo; ni será injusto que un acreedor pierda su derecho a perseguir una hipoteca, porque no había llegado a su conocimiento la necesidad de constituirla por escritura pública, anotada y registrada en cierta oficina.

Cuando el ejercicio de la judicatura era privativo de ciertos hombres que habían empleado largo tiempo en el estudio de ese caos que constituye nuestra legislación civil, era algo menos difícil que la conociesen hasta donde él se deja conocer. Pero hoy no se requiere ningún estudio especial y previo para ser juez de derecho, y puedo asegurar que ninguno o casi ninguno de los actuales jueces de circuito en el Istmo con abogados recibidos. La administración de justicia se ha democratizado, y por una de esas inconsecuencias tan comunes en nuestras reformas, la legislación general que deben aplicar los jueces populares no se ha puesto a su alcance. Y para convencerse de la utilidad, de la justicia, de la necesidad de sancionar todos los códigos que deben formar el cuerpo de nuestro derecho, obsérvese cuánto mejor y más generalmente conocidas Son las leyes acordadas por el Congreso, que las vetustas registradas en los volúmenes en folio que cubre el polvo de algunas bibliotecas. Si la justicia ha de ser popular, tengamos leyes populares, y cese el monopolio de esos pocos iniciados en los misterios forenses, que han sido siempre los más dispuestos a embarazar la expedición de códigos sencillos al alcance de todo el mundo.

Nuestra legislación criminal ha merecido, y con razón, mayores atenciones del Congreso, que la legislación civil; pero ¿cuál es su estado?

Tenemos un código penal sumamente severo, y en que parece que las penas se hubiesen derramado al acaso sobre los delitos: tal es su falta de proporción. Y como gusto siempre de comprobar lo que digo, citaré un ejemplo, entre otros muchos que pudiera citar. Por el artículo 605 se impone la pena de cuatro a diez años de trabajos forzados al reo de homicidio voluntario, y por el 800 se establece la de dieciséis años de los mismos trabajos y destierro perpetuo, para el que haya cometido un robo calificado y otro simple, sin haber sido condenado por ninguno de ellos. No solo es desproporcionada la pena en el segundo caso, en que el delito es menor, sino que se hace de la impunidad, o sea, de la ineficacia de las leyes, una circunstancia agravante. El robo tiene mayor pena que el homicidio, ¿por qué? Dos robos no castigados tienen mayor pena que uno, ¿por qué? Si se tratase de coincidencia, comprendería el aumento de pena; mas no se trata de semejante cosa, trátase de castigar en el ladrón la falta del juez o de la ley.

Demás de eso, el sistema penal es más propio para empeorar que para corregir a un delincuente. Nuestros presidios son focos de infección física y moral, escuelas de perversidad, en donde el hombre todavía sano se corrompe, y el malvado se perfecciona en el crimen perdiendo el último resto de pudor. Esas condenas a ocho, doce, dieciséis años de presidio, no consultan la naturaleza humana ni los principios de legislación penal. ¿Y qué diremos de la abominable pena de muerte, que para muchos casos aún se mantiene en nuestro código?

En el enjuiciamiento criminal se hicieron algunas mejoras importantes por el código de 1848; pero adoptado el juicio por jurados en 1851 y 52 por leyes diminutas, no hay ya plan ni concierto, y el código primitivo se halla en muchos puntos en contradicción con el nuevo sistema. Un código completo fundado en el juicio por jurados, y conforme también con un nuevo sistema penal, se ha hecho necesario; y mientras no se trabajen y expidan al mismo tiempo todos los códigos, guardando entre sí armonía y correspondencia, las reformas parciales mantendrán siempre la heterogeneidad y discordancia que hoy se experimenta en el conjunto de nuestra legislación.

Vista la urgencia, ¿cuál es la esperanza de una reforma completa, general y concienzuda de nuestro cuerpo de derecho? El código penal estuvo discutiéndose cuatro años, el de enjuiciamiento dos o tres, y solo el de comercio se expidió en una reunión del Congreso, debido al vivo empeño de su autor, que era miembro de las Cámaras, y a una gran suma de favor y deferencia con que sus colegas le honraron, adoptando el proyecto con muy poca discusión. Toda proporción guardada, ¿cuántos años serían necesarios para dar cabo a una obra cuya magnitud corre parejas con su importancia? Desde 1823 se pensó en preparar códigos civil y penal. Por algún tiempo se dificultó la redacción, que exigiendo un gran trabajo y pérdida de tiempo, demandaba una amplia recompensa. Por fin en 1853 y 1854 se presentaron a las Cámaras legislativas juegos completos de códigos para ser discutidos, y aun algunos, como los judiciales, se tuvieron por duplicado, de diversos autores. Apenas se aprobó en la Cámara de Representantes el nuevo código penal, y todos los demás proyectos quedaron intactos.

Resulta, pues, que el Congreso se ha reservado una atribución que no ejerce, y esto nace de dos causas poderosas, a saber: 1.ª El gran cúmulo de negocios que tiene a su cargo, muchos de los cuales exigen larguísimas discusiones, como los presupuestos, el pie de fuerza, las cuestiones diplomáticas, etc. 2.ª La rémora opuesta con artificio por muchos abogados de los que asisten al Congreso, y cuyo interés personal les aconseja mantener, nuevas Sibilas, el privilegio de descifrar los misterios de su depósito enigmático y sagrado.

Una legislatura seccional, o de otro modo, la legislatura de un pequeño Estado, sin grandes pretensiones de sabiduría y prurito de discusión, sin muchas atenciones graves, y compuesta de hombres comunes que palpan más la necesidad de una nueva legislación clara y sencilla, tiene mayor facilidad y disposición para sancionarla. Si a eso se agrega que el pueblo representado por tal legislatura tiene por su especial condición mayor urgencia de buenas leyes civiles y penales, no puede dudarse que las dará inmediatamente. Y esa condición es la del Istmo de Panamá, en donde las costumbres han variado, acercándose a las de los pueblos extranjeros con quienes está en contacto, y que no aciertan a comprender los numerosos absurdos de nuestras leyes judiciales,

Que las circunstancias particulares de una sección pueden exigir leyes distintas de las de otra sección, es un hecho que no hemos advertido, porque bajo el carácter de leyes generales se nos han dado algunas que no eran realmente destinadas sino a cierta localidad, Citaré unas cuantas. La ley de 1826 sobre hurto y robo, que estableció una tramitación rapidísima, y se contentó con un testigo para probar plenamente, tuvo su origen en los frecuentes robos que por aquel tiempo se habían suscitado en Bogotá. El monstruoso decreto sobre conspiradores dado en 1833, se adelantó a la conspiración de Sardá, que tuvo lugar aquí mismo, y que se presumió antes de estallar. Las leyes sobre juicio ejecutivo y concurso de acreedores expedidas en 1842, lo fueron a consecuencia de algunas quiebras ruidosas ocurridas en Bogotá. Por último, el decreto legislativo que en 1851 creó un juzgado especial del crimen en Bogotá, y la ley sobre jurados del mismo año, se dictaron con motivo de los muchos delitos de hurto y robo cometidos en esta ciudad por una compañía de bandoleros. ¡Quién sabe cuántas otras leyes habrán tenido su causa en necesidades puramente locales, y se han impuesto a todas las provincias, contra su voluntad, o a lo menos contra sus intereses!

No tengo noticia de que se hayan dado leyes semejantes (en materia civil o penal) para otra localidad que Bogotá, con excepción de dos acordadas para la provincia de Panamá. Fue la primera una ley de 1850, por la que se autorizó a la Cámara provincial para establecer el juicio por jurados en aquella provincia, y la otra la que desde 18 52 creó los Tribunales de comercio. La cámara provincial de Panamá no pudo hacer uso de aquella autorización; porque, como lo declaró en una resolución expresa, se oponía abiertamente a la Constitución de la República, que prohibía al Congreso delegar sus atribuciones. Había habido pereza de discutir la ley para Panamá, y como medio más expeditivo, se había dado una autorización inconstitucional, que demostraba la necesidad de despojar al Congreso de una atribución exclusiva, que en muchos casos debían ejercer ciertas secciones para sí solas. En 1853 estuvo a punto de derogarse la ley sobre tribunales de comercio, sancionada en el año anterior en virtud de un proyecto enviado de Panamá desde 1850 por el doctor Florentino González, que había palpado su necesidad. Quiso derogarse, porque el limitado comercio de las provincias interiores no había exigido en ellas semejante ley, ni demostrado su utilidad después de acordada, y fue preciso un grande esfuerzo del representante por Panamá para que la ley no se derogase. Como si los comerciantes de aquella plaza hubiesen temido que se les privase del beneficio de que gozaban, habían tenido la previsión de escribir al dicho representante una carta suscrita por más de ciento de ellos, en que le pedían procurase la conservación de la ley, sin alterarle un ápice.

Otro ejemplo palpable de la diferencia que aun en materia de legislación civil trae consigo la diferencia de localidades, tenemos en la célebre ley sobre matrimonio sancionada en 1853 ... Ese acto, que en las provincias del interior y del sur ha encontrado tantos opositores, en la costa se ha recibido con agrado, y en el Istmo particularmente casi todos reconocen que ha llenado una gran necesidad. Cuando ella se expidió no había ya en la curia, o juzgado de sólitas, facultad de dispensar el impedimento de disparidad de cultos, porque el número de casos permitidos se había agotado, y por lo mismo estaban en suspenso, muy a pesar de los interesados, los matrimonios entre istmeñas y extranjeros, que tan frecuentes son. Dada la ley, pudieron practicarse, y la moral ganó lo que iban a perder las costumbres. En Bogotá no se experimenta igual necesidad de una ley que arregle el matrimonio prescindiendo de la religión, y de ahí esos clamores contra la actual, que en tanto riesgo se haya de ser virtualmente derogada. ¿Pero hay justicia en sacrificar los intereses de una sección a los caprichos, las preocupaciones, o si se quiere los intereses de otra?

El centralismo atrae por consecuencia la capitalidad de una gran población, adonde convergen multitud de empleados, estudiantes, hombres de negocios y aun simples visitantes, que forman allí sus relaciones, que adquieren amor por el lugar, y entre quienes se hace, generalmente hablando, la elección de diputados al Congreso. A medida que las provincias se alejan, y en razón directa de esa distancia, disminuyen los conocimientos, las simpatías y la predilección por sus negocios. Hay menor número de personas que las hayan visitado, y que puedan informar sobre sus exigencias, lo que constituye una gran desventaja para sus diputados que luchan solos, y en cuya palabra solitaria y aislada no se tiene plena confianza.

Por su parte, las grandes capitales de los países gobernados centralmente, cuyo influjo acabarnos de ver, oponen una gran resistencia a un cambio de sistema, que en su concepto rebajaría su preponderancia; y de este modo la grande influencia de esas capitales, es simultáneamente causa y efecto del centralismo: efecto de su establecimiento, y causa de su conservación. El centralismo viene a ser un enfermo pletórico, lleno de peligrosa vida en el cerebro, y falto de ella en las extremidades; un enfermo cuya cabeza obstruida, ebria y delirante, rehúsa la curación, que no puede venirle sino del curso lento y oficioso de la naturaleza.

En ocasiones anteriores he manifestado mis temores de que el Istmo de Panamá se pierda para la Nueva Granada si ésta no vuelve en sí, estudia atentamente la condición de aquel país interesante, y asegura su posesión dándole un buen gobierno inmediato, de que ha carecido hasta ahora. Solo la mala administración de la cosa pública pudiera inspirarnos el deseo de buscar en otras asociaciones, o lo que es más probable, en nuestra independencia, una mejora que la Nueva Granada nos rehusase. Pero, obtenida, nuestras simpatías y nuestra gratitud debían forzosamente acrecer. El Istmo no puede mirar sino como honroso pertenecer a una nación heroica aunque pobre, noble aunque débil; una nación que tantas y tan sublimes pruebas ha dado de su amor a la libertad, y la única, entre las hispanoamericanas, que puede jactarse de no ser jamás el patrimonio de los déspotas ni el juguete de los ambiciosos.

Otro peligro he apuntado ya antes, que corre el Istmo, si no se cuida mucho y prontamente de organizar allí un gobierno tan completo y eficaz como sea compatible con la nacionalidad granadina. Grandes y numerosos intereses extranjeros se están acumulando en su territorio. Dentro de pocos días el ferrocarril interoceánico habrá puesto en fácil comunicación el norte con el sur de América, Europa con Asia, Oceanía y Australia. No es presumible que consientan los interesados en tantos negocios, en ver, como hasta aquí, comprometidas sus personas y propiedades por falta de policía y de justicia, necesario efecto de la impotencia física, económica y política de la provincia de Panamá. Para evitar, por consiguiente, que con pretexto de darse la seguridad que nosotros le negamos, quisieran adueñarse de un país tan codiciable para cualquier nación poderosa y mercantil, planteemos en el Istmo de Panamá un gobierno, que siendo liberal, tenga igualmente la eficacia que le daría el concurso de todos los istmeños, y el poder anexo a una sólida organización.

Un resultado no despreciable sería el que vaya exponer con brevedad.

La soberanía que trae consigo la independencia judicial, convertiría al Estado de Panamá en un lugar de asilo para todos los proscritos políticos de Sudamérica, sin exceptuar la Nueva Granada; y en casos desgraciados, que ojala nunca vengan, de que la legitimidad o los buenos principios sucumbiesen en este país, allí tendrían seguro refugio. Cual el cristianismo y la nacionalidad española se salvaron con Pelayo en las montañas de Aragón, o cual la causa de nuestra independencia se salvó con Santander en Casanare, así se salvarían en el Istmo de Panamá los principios legales y humanitarios, cuando un Mela u otros representantes de la fuerza o del fraude, los ahogasen en la tierra de Azuero, Soto y Gómez.

Ni sería menor la utilidad de tener en aquel Estado un campo virgen y accesible para plantear todos los ensayos que viejas preocupaciones y poderosos intereses combaten en el interior de la República. Parece que el Istmo se hallase especialmente destinado a ese objeto, porque su estado infantil y su contacto Con todos los pueblos, le han librado aun de aquellas preocupaciones yesos intereses, cuya victoria es casi segura en el resto de la Nueva Granada. Ya hemos visto allí suprimidas las aduanas, y con el mismo resultado veríamos la federación misma, el impuesto único directo y proporcional, el sistema penitenciario, y la reorganización de la fuerza pública de modo que asegure y no amenace el orden constitucional y los derechos del ciudadano.

Es muy posible que en mis observaciones haya juzgado con preocupación algún punto de los que he recorrido; pero mi convicción es íntima de que solo con la erección del Estado de Panamá puede tenerse allí un gobierno cual jamás lo ha habido. Creo demostrado que el Istmo tiene derecho a organizarse como le convenga; ¡cuánto más no lo tendrá para ser miembro de la familia granadina, en términos liberales para el Estado istmeño y útiles también para la república! No se pretenda pues regatearle poder ni recursos: todo es suyo, y es él quien debe dar y no recibir. Lo que existe en el Istmo no es de la Nueva Granada sino porque el Istmo hace parte de ella. Toda concesión que no sea, por lo mismo, de objetos o beneficios correspondientes a otras secciones, es simplemente una devolución. Bajo este punto de vista quisiera que se mirase el proyecto pendiente en la Cámara de Representantes. En el siguiente y último artículo procuraré expresar las alteraciones que en mi concepto pide para corresponder a su objeto, y no empeorar nuestra ya triste situación. Tampoco olvidaré los intereses generales de la república, que a la verdad no son incompatibles con los nuestros, si se hacen consistir, no en mantener aquella región en un ridículo pupilaje, ni escatimarle sus pequeños recursos; sino en asegurarle bienestar, y asegurar a todos los granadinos los beneficios de la libertad industrial, de la igualdad política, y de la fraternidad social y humanitaria.

VI

Si se atiende a las necesidades y a la voluntad de los habitantes del Istmo, será forzoso concebir el proyecto de Estado federal en términos mucho más liberales que aquellos en que fue adoptado en Ibagué por la Cámara de Representantes, y se publicó en el *Boletín Oficial* número 31, correspondiente al 23 de octubre. Porque los documentos que al fin de esta serie verán la luz, prueban muy bien que, tal cómo se halla, no satisface aquellas necesidades, ni se conviene con esa voluntad a que me refiero.

Afortunadamente los tiempos van cambiando, y con ellos los principios dominantes en la política de estos países. La Cámara de Representantes de 1854 adoptó en tercer debate un artículo del nuevo código penal, cuyo tenor era el siguiente:

> No hay rebelión cuando una parte considerable de la República, con elementos bastantes para existir por sí sola, declara su voluntad de hacerse independiente. Se entiende declarada esa voluntad, cuando la manifiestan todas o la mayor parte de las corporaciones municipales de la respectiva sección.

Es esto mucho más de lo que el Istmo apetece, y no hay duda de que sí debe acatarse la voluntad de una sección respetable cuando aspira a la independencia, mucho más cuando solo quiere tener un gobierno propio para sus asuntos especiales, sin romper los vínculos de la nacionalidad. En la federación rigurosa hay un pacto de pueblos soberanos, que sacrifican parte de esa soberanía en obsequio de la fuerza y de la respetabilidad nacional, así como los miembros de cada Estado sacrifican una parte de su soberanía individual en gracia de la común seguridad, o de otro modo, para hacer mucho más efectiva la porción que se reservan. ¿Cuáles son los sacrificios que de los pueblos soberanos federados demanda el principio de la nacionalidad? Tal es la cuestión cardinal que debe resolverse, antes de proceder al desarrollo de un acto constitucional que tenga por objeto crear un gobierno federativo.

Lo que en la esencia constituye la nacionalidad, es la obediencia de ciertos hombres establecidos sobre determinado territorio, a un gobierno común, separado de todo otro gobierno. De suerte que el negociado de relaciones exteriores es el único que rigurosamente debiera reservarse el gobierno general en un pacto federativo. Pero dejando a un lado la teoría aplicable a una federación de muchos pueblos diversos, y algunas consideraciones secundarias que aun para ese caso modificarían el principio asentado, la Nueva Granada no podría contentarse con tener solo intervención en las relaciones exteriores del Istmo de Panamá, y ninguna otra en su gobierno. Porque además de que ese vínculo sería sobradamente débil entre aquella región y el resto de la república, echaría sobre ésta una responsabilidad, una carga que no tendría compensación. Es por lo mismo indispensable pagar ese servicio, contribuir de algún modo a los gastos generales de la nación, y ya tenemos aquí otro negociado que corresponde naturalmente al gobierno general: la hacienda pública de la Nueva Granada con relación al territorio del Istmo. El pabellón y las armas de la república son el signo de su nacionalidad ante los pueblos extranjeros, y se hallan comprendidos en el primer negociado. La fuerza pública destinada a la guerra es el alma de la nacionalidad, y por lo mismo debe adscribirse también al gobierno general.

No hay ningún otro negociado que necesite reservarse el gobierno de la república; pero por las razones que expondré, debe también enumerarse entre los asuntos generales todo lo relativo al ferrocarril de Panamá: 1.ª Ese camino se ha hecho en virtud de un contrato con el gobierno de la Nueva Granada, y es él quien debe cumplirlo en lo que está obligado, así como usar de los derechos que le declara. 2.ª El Istmo se halla en absoluta incapacidad de contribuir para los gastos nacionales con otra cosa que las utilidades provenientes del ferrocarril, que por lo mismo debe reservárselas en su mayor parte el gobierno nacional. Pero este punto exige algunas explicaciones, que dejo para después.

Toca ahora examinar si el artículo 3.º del proyecto publicado en el número 31 del *Boletín Oficial*, se halla de acuerdo con las observaciones anteriores. Los negociados que menciona en los incisos 1.º, 2.º y 6.º son algunos de los mismos que he considerado propios y naturales del gobierno general. El del 3.º (crédito nacional) forma uno solo con el del 5.º (rentas y gastos nacionales), denominándose hacienda nacional.

La naturalización de extranjeros, a que se refiere el 4.º, es un asunto propio de los Estados federales, y así se halla establecido en los de la Unión Norteamericana. Cada Estado tiene sus reglas particulares de naturalización, que yo llamaría mejor nacionalización; y consiste en que los miembros de la unión lo son primero de los estados, y no pertenecen a aquélla sino porque hacen parte de éstos. Un extranjero se radica en el Istmo de Panamá, y declara que quiere ser istmeño, o sea granadino de aquella sección. ¿Qué inconveniente hay para que las leyes de aquel Estado fijen las reglas de su nacionalización? Es muy de presumir que su deseo principal sea el de incorporarse a aquella entidad política, pues de lo contrario habría venido a radicarse a otra sección de la república y solo porque dicha entidad es parte integrante de la Nueva Granada, se convierte por el mismo hecho en granadino. Por otro lado, y descendiendo a consideraciones puramente prácticas, el Istmo se halla tan distante del sitio del gobierno general, que muchas veces el despacho de la carta de naturaleza tardaría más de lo que el deseo o el interés del candidato lo pidiesen.

Por el inciso 7.º se incluye entre los negocios reservados al gobierno nacional:

> Las causas de responsabilidad cuyo conocimiento está atribuido por la constitución general al senado y a la corte suprema de justicia.

Pero es del todo innecesario hacer esta declaratoria. Las causas de que conoce el senado son las que se siguen contra el encargado del poder ejecutivo o contra los magistrados de la corte suprema, y de ellas seguiría siempre conociendo, bien se erigiese en estado federal el Istmo, o bien continuase como está; porque este punto no tiene relación alguna con el proyecto. Aquéllas en que conoce la corte suprema, y que pueden referirse al Estado de Panamá, no son otras que las que se siguen contra los gobernadores o contra los magistrados de los tribunales de distrito. Como el Estado tendría su legislación civil y penal propia, y sus tribunales organizados en virtud de esa legislación, la corte suprema no podría exigir la responsabilidad de esos tribunales; porque para eso sería necesario saber de antemano su carácter, su denominación, sus funciones; y porque para resolver las cuestiones que se ventilasen, tendría que estudiar la corte suprema de la Nueva Granada la legislación particular del Estado de Panamá, lo que no solo es imposible, sobre todo en la federación de muchos estados, sino enteramente opuesto al sistema, que pide por precisión la independencia judicial. La responsabilidad de los tribunales inferiores se exige, en tal forma de gobierno, por la corte suprema del Estado, y la de los magistrados de ella por la Legislatura, ni más ni menos lo que sucede en la nación respecto de la corte suprema general. Pero otra cosa puede decirse sobre el gobernador del Estado, si como lo expresa el proyecto se le hace agente del poder ejecutivo nacional en los asuntos que la nación se reserva. Dicho gobernador sería responsable ante la corte suprema nacional por el manejo de tales asuntos, como lo son los gobernadores de provincia; pero se ve que el inciso desaparece casi en su totalidad, y que lo que de él puede conservarse debe concebirse de otra manera: basta, en efecto, al hablar del gobernador del Estado, declararle responsable en los términos que dejo referidos.

También se dan al gobierno nacional las tierras baldías, según el inciso 8.º; pero tengo poderosas razones para sostener que deben adjudicarse al Estado de Panamá todas las propiedades raíces que allí existan y que pertenecieron al gobierno español. Cuando el Istmo se emancipó de España, quedó por el mismo hecho dueño de todas las cosas que habían pertenecido al gobierno peninsular, y al recobrar su soberanía, bien que con leves restricciones,[2] debe así mismo recobrar todo lo que hace parte de aquel territorio. No ignoro que en Estados Unidos la nación tiene como arbitrio rentístico el producto de las ventas de tierras baldías; mas creo que la incumbencia del gobierno general en el territorio de los estados, es tan anómala en el sistema federativo, como lo es en una re-

2 Algunos publicistas sostienen como axioma que la soberanía es ilimitada, y es así cuando se trata de un gobierno central; pero en el federal la soberanía de los Estados se halla restringida por la de la nación, y la de ésta por aquéllos. Tocqueville lo demuestra muy bien en su excelente obra sobre *La Democracia en los Estados Unidos*; pero sin ir allá a buscar la demostración, es cosa que se concibe fácilmente. (N. del A.)

pública la subsistencia de la esclavitud, y la desigualdad de derechos políticos, aun en los hombres libres, por razón de la raza a que pertenecen o de que tienen un ligero tinte. No hay en el mundo un solo pueblo que haya procedido siempre ajustado al rigor de los principios de la justicia, ya en política interna, ya en diplomacia; como no hay hombre que no haya infringido e infrinja diariamente alguno de los preceptos de la moral.

Mirada la cuestión bajo el aspecto fiscal, aun son más poderosas las razones que aconsejan dejar al Estado de Panamá la posesión y propiedad de sus tierras baldías. Con solo la excepción de aquellas de que ya se ha dispuesto. Hay en el interior de la república ideas muy erróneas sobre la riqueza del Istmo, y sobre el partido que puede el gobierno nacional sacar de aquellas tierras. Pero si demuestro que aquellas provincias son pobres; que por consiguiente debe dejárseles todo recurso que pueda acrecentar su erario, y al mismo tiempo que el provecho derivado de las tierras baldías sería insignificante para la Nueva Granada, creo que no se vacilará en hacer al Estado de Panamá la concesión de que se trata.

Cuando en 1849 tuvo principio la emigración a California por consecuencia del oro allí descubierto, las provincias del Istmo habían llegado al más lamentable estado de postración. Algunos años antes, el ilustrado granadino doctor Rufino Cuervo decía, en vista de las ruinas y de la miseria que por todas partes se le presentaban al atravesar el Istmo:

«Quien quiera conocer a Panamá, corra, porque se acaba.» Durante los primeros años de la emigración por aquel territorio, se derramó en él mucho oro; pero desgraciadamente esos capitales no pudieron destinarse a la producción, a la industria agrícola, única que puede tener gran desarrollo en el Istmo, sea por incuria de los que hacían aquellas fuertes ganancias inopinadas y deslumbradoras, sea porque empleados con provecho en el acarreo todos los brazos disponibles, ninguno había que por un jornal conveniente quisiese aplicarse a trabajos campestres, mucho más penosos y menos productivos que los de arriero o boga. El hecho es que la industria, la producción, lejos de aumentar decayó, muchos de los objetos que antes se creaban en el Istmo, se introdujeron de fuera, y se pagaron con el oro desembolsado por el extranjero en recompensa de servicios consumidos en el momento de prestarse.

Posteriormente el Istmo de Panamá tuvo un rival formidable en el de Nicaragua; la emigración a El Dorado se dividió y aun la que conservamos por nuestro territorio tuvo tales facilidades, que poco se detenía sobre él, y poco era lo que dejaba al país. Vinieron a menos las ganancias metálicas, y como los valores de esta especie ya colectados salían en busca de todo, aun de los alimentos, esa riqueza artificial y precaria sufrió un gran descalabro, y nos ha colocado en una situación lamentable. Porque no solo ha escaseado la riqueza metálica, sino que han quedado malos hábitos en la población, hábitos de semi ociosidad y de despilfarro, que impiden la restauración de nuestra pequeña industria, y mucho más el gran desarrollo que una población numerosa, activa y económica pudiera indudablemente imprimirle.

Por los años de 1850 hubo además una falaz circunstancia, que tuvo su buena parte en la ilusión obrada sobre muchos al reputar ricas las provincias del Istmo, en especial Panamá. Las rentas provinciales eran pingües, y como el estado del tesoro público en todo país es un signo de la riqueza privada, la consecuencia era clara y favorable a las fortunas individuales. Pero por falta de suficiente observación, se daba entrada al sofisma que los escolásticos llamaron non causa pro causa: tomábase por causa del buen estado del tesoro, lo que no lo era, y la venda no cayó sino cuando, desapareciendo la verdadera causa, cesó con ella su necesario efecto. Era que se había impuesto una contribución sobre los pasajeros, o sobre los buques por razón de los pasajeros; y que los obligados a pagarla cumplieron, mientras llegaron a caer en cuenta de que podrían resistirla con buen éxito. Cayeron en cuenta, como sucede siempre mediando el interés, de que el gobierno en Panamá carecía de poder suficiente para hacerse obedecer, y rehusaron pagar la contribución. Da vergüenza decirlo; pero entonces vino a descubrirse lo que no queríamos ver, o nos fijaba muy poco, a saber, que la contribución sobre los extranjeros formaba las cuatro quintas partes del erario provincial; y faltando ella faltó en la misma proporción el activo del tesoro, sin que el pasivo hubiese disminuido en un peso.

Cuál sea el estado de las rentas provinciales de Panamá, lo dice bien el siguiente fragmento del informe presentado en 15 de septiembre por el gobernador a la Legislatura provincial:

> El presupuesto de rentas ha fallado en su mayor parte. Los establecimientos de comercio que debieran haber producido en los ocho meses transcurridos del año natural 24.000 pesos, solo han dado 8.614 pesos. La contribución de buques, calculada por igual tiempo en 44.800 pesos, ha rendido únicamente $ 10.208,64. En orden a crías de ganado y propiedades urbanas, aunque no es posible saber su resultado por falta de colectores, tampoco llegan ni aproximadamente al presupuesto. De aquí inferiréis cuáles habrán sido los apuros de la Gobernación para satisfacer el presupuesto de gastos. Fue necesario disponer que se abonaran de preferencia ciertos objetos con los cortos ingresos al Tesoro, tales como la mantención de los presos de las cárceles, los empleados de policía, los sobresueldos militares, la

> capitanía de puerto, los alguaciles y porteros, la manumisión y los gastos de obras públicas, de imprenta, de locales y materiales de las oficinas. Los empleados en común han recibido buenas cuentas, no estando todavía cubiertos en su totalidad sino por enero y febrero (siete meses de atraso). Sin embargo de la bancarrota provenida por la deficiencia de las dos principales rentas, la Administración ha marchado a mérito del patriotismo de los empleados[3] —quienes han continuado prestando sus servicios, en la esperanza de que arbitraréis los medios de solventar sus pagos, para cubrir los compromisos particulares a que han tenido que ocurrir...

Esos arbitrios en que se tenía esperanza, y que el mismo Gobernador propuso a la Legislatura, no eran por cierto nuevas contribuciones sobre la riqueza del país, cuyo estancamiento, a lo menos, reconoce el Gobernador en este periodo con que termina la sección titulada Hacienda provincial. «En las contribuciones existentes hallo que no debe hacerse ningún recargo, cuando no acrece por ahora la riqueza del país para sustentar el nuevo gravamen.» Redúcense los arbitrios a subrogar la contribución de pasajeros con otras sobre los buques (solicitada al Congreso por no reputarse su imposición en las facultades de la Legislatura); a negociar un empréstito, medida ruinosa cuando no hay probabilidad de que mejore la condición fiscal; y a vender un hermoso edificio que el Congreso de 1854 dio a la provincia en pago de una deuda, y que siendo muy útil para el servicio público, jamás debiera

3 Cuando esto se expresaba, faltaban de la Secretaría y de la Contaduría de la Gobernación la mayor parte de los empleados, por abandono o renuncia de sus destinos, después de una larga lucha entre el patriotismo y el hambre... Hay en Bogotá más de un testigo del hecho.

enajenarse sino por necesidad extrema, a que sin duda ha llegado aquel tesoro.

¿Piensa alguno que esa angustiada situación cesará cuando se termine el ferrocarril, que tantas esperanzas de riqueza hace concebir a ciertos espíritus visionarios? Pues modere sus cálculos; porque hoy ya los hombres reflexivos creen que el ferrocarril, aunque será una obra muy productiva para los empresarios, no traerá al Istmo esa estupenda prosperidad que se imagina. La rapidez con que se hará el tránsito de viajeros y mercancías, el monopolio que naturalmente ejercerá la empresa en almacenes y aun en hoteles a las extremidades del camino, la facilidad que tendrán los cargamentos para llegar a su mercado sin quedar depositados en el Istmo, la falta de industria doméstica que exporte por el ferrocarril y reciba por el mismo en cambio artefactos extranjeros; estas y otras circunstancias mantendrán aquel territorio en cierto estado económico, que aunque no llegue a la miseria ni al abatimiento de 1848, tampoco será muy lisonjero para el que quiera ver desenvuelta la riqueza, como pudiera serlo en el Istmo con sus feraces tierras, y un millón de habitantes que bien puede contener.

Dedúcese que siendo pobres las fuentes de la riqueza pública en el Istmo, debe el gobierno general abandonarle todos los recursos que pueda, incluidas las tierras baldías, y reservarse únicamente lo que baste para indemnizarse de los cuidados y de la responsabilidad internacional que aún le quedan. Las rentas de correos y de papel sellado son las únicas nacionales que hay hoy en el Istmo, y bien pudieran cederse al Estado, en cambio de otra renta nueva y pingüe que allí tendrá la nación, a saber, las proventas del ferrocarril según el artículo 55 del convenio con la compañía, que no bajarán de 100.000 pesos anuales durante el privilegio, y diez veces más en adelante.

Pero juzgando superficialmente, se creerá que esa suma no sale de los granadinos del Istmo, y que aquella sección no contribuirá para los gastos nacionales. El gobierno supremo se ha reservado desde el principio la propiedad y las utilidades provenientes de las vías interoceánicas, privando así al gobierno local del Istmo de las ventajas que pudiera darle su posición, esto es, de celebrar por su cuenta un contrato como el que hoy tiene celebrado el gobierno nacional. En esto ha procedido como lo ha hecho con Cipaquirá privándola de sus minas de sal, y con Muzo quitándole sus esmeraldas; y como lo habría hecho con el Chocó y Antioquia, si en vez de abandonar a los particulares las minas de oro, hubiese monopolizado su explotación. Es, con efecto, la topografía del Istmo una mina, cuyos productos son más seguros que los de las demás, y que sobre éstas lleva la ventaja de dar el metal amonedado... Nada más justo, por consiguiente, que exonerar a los istmeños de toda otra contribución para el erario nacional, o en otros términos, abandonar los actuales productos al tesoro particular del Estado de Panamá, y contentarse aquél con las grandes utilidades que el ferrocarril ha de reportarle dentro de muy poco tiempo.

Dije que es una quimera el alto precio que muchos dan a las tierras baldías en el Istmo, y que por tanto, el sacrificio que hace la nación dejándolas al Estado de Panamá, es casi nulo. Los habitantes de las provincias de Panamá, Azuero, Veraguas y Chiriquí poseen hoy en común, por compra al gobierno español, las mejores tierras de pastos y labrantías que existen en ellas, y a que se refieren las leyes 12, parte 2.ª, tratado 1.º de la Recopilación Granadina, y 16 de mayo de 1850. La cantidad de esas tierras, que ocupan casi toda la porción del Istmo comprendida desde la punta Burica hasta el río Bayano, y de la cordillera al Pacífico, pasa con mucho de 3.000.000 de fanegadas. Tienen asimismo derecho las cuatro provincias istmeñas a 25.000 fanegadas cada una, conforme a la ley general, que da ese número a todas las de la república. Por último, la compañía del ferrocarril tiene derecho a 150.000 fanegadas; lo que hace un total como de tres millones y medio de fanegadas de tierras en el Istmo, que no pertenecen al gobierno nacional, y que competirán en el mercado con las tierras que dicho gobierno conserve allí y trate de enajenar. Aun pudiera agregar a la suma otras porciones, que como las de particulares situadas ventajosamente, aunque más caras, y las de aquellos empresarios de caminos que tienen derecho a pedir tierras baldías donde les convenga, entrarán también en competencia con las del gobierno nacional. La compañía del ferrocarril no hace consistir sus ganancias en las tierras que se le han dado, puesto que aun no pretende la adjudicación, y por lo mismo es muy probable que prefiera llamar a ellas la inmigración extranjera vendiéndolas a un precio baladí. Las provincias del Istmo, y todos los otros poseedores que he citado, pueden bajar y bajarán sus precios más allá del que por regla general y común a toda la república tienen las tierras baldías; de suerte que el gobierno nacional no podrá sostener la competencia. Pero aun cuando la sostenga, ¿no es evidente que no podrá sacar de sus tierras sino un producto insignificante?

Admira que hombres de la época, hombres públicos que debieran hacer entrar en sus cálculos todos los hechos indispensables, consulten de preferencia a su imaginación, o se dejen llevar de informes poéticos también, y también inexactos. ¿Cuál es hoy el valor de las tierras en el Istmo de Panamá?; ¿cuál será en adelante? Las únicas tierras que hoy podrían venderse allí son las ya apropiadas a particulares, y las comunes de las provincias, previa adjudicación a sus vecinos. De la primera, pocas enajenaciones se hacen, aunque se anuncian a menudo por el mismo valor que tenían diez años atrás. De las segundas, cualquiera puede pedir que se le adjudiquen gratuitamente, en propiedad, las que quiera, con solo avecindarse en la respectiva provincia. Sin embargo, hay tan poca disposición a apropiarse esas tierras, que solo la legislatura de Veraguas ha dictado reglas para su repartimiento en virtud de las leyes antes citadas, porque las otras provincias no lo desean; y aun allí no hay sino dos ejemplares de adjudicaciones hechas a los poseedores, según se ve por el informe del gobernador presentado a la última legislatura. Hoy no tienen aquellas tierras que sostener en el mercado la competencia de las del gobierno, porque éste se halla en incapacidad legal de enajenar las del continente, mientras no escoja las suyas la compañía del ferrocarril; ni las 100.000 fanegadas de las provincias, que por la misma razón del bajo precio no han pedido su adjudicación; ni en fin, las de la compañía del ferrocarril, cuya indiferencia hasta ahora por adquirirlas, prueba que no las estima en mucho.

¿Cuál será el valor de las tierras en el Istmo cuando todas esas grandes porciones se hallen adjudicadas y entren en circulación? Fácil es concebirlo, como también lo es, que ninguna causa visible puede dar mayor valor a las tierras en el Istmo de Panamá, que el que tengan en la misma época las de igual calidad, situadas entre los trópicos, a orillas del mar o de un río navegable. Porque ¿de dónde podría venir el gran valor que se supone, sino de la facilidad para exportar los productos de las tierras? Todo nuestro litoral del Atlántico y del Pacífico, todas las orillas del bajo Magdalena y del Atrato, poseen tierras tan buenas y tan ventajosamente situadas como las del Istmo: ¿por qué valdrían éstas más? No lo comprendo. Véase, por lo tanto a qué se reduce el sacrificio que hará la nación cediendo al Estado de Panamá las tierras baldías comprendidas en su territorio.

Por último, si la nación se reserva la propiedad de las tierras baldías del Estado de Panamá, puede haber colisión entre las leyes mineras de las dos entidades. Supóngase, en efecto, que el Estado expide su legislación bajo el principio, hoy reconocido en la Nueva Granada, de que la mina es del denunciante; y que la república dispone luego que las que se hallen en sus tierras pertenecen al dueño de éstas. Hay un positivo conflicto entre las dos legislaciones, con respecto a las minas que se descubran en las tierras baldías del Istmo. No sucede eso en Estados Unidos, porque allí está generalmente admitido el principio inglés de que el dueño de la tierra lo es de su contenido, y la legislación de los estados, que reconoce ese principio, no coarta el dominio que en las tierras baldías tiene la Unión. Aquí encontramos por segunda vez razones suficientes para apartarnos de la constitución norteamericana en este negociado.

Por los incisos 9.º y 10 del artículo 3.º del proyecto que examino, se atribuyen al gobierno nacional estos dos negociados: los pesos, pesas y medidas oficiales, y el censo de población. Nada tengo que observar sobre el primero, porque ningún perjuicio resulta de obligar al Estado de Panamá a seguir el sistema métrico de la república en los asuntos oficiales, y tanto menos, cuanto que ese sistema es hoy el decimal francés, que no se variará por hallarse fundado en principios científicos. Pero respecto del censo, que no es sino una parte de la estadística, ¿qué conveniencia resulta de levantarlo conforme a reglas uniformes en toda la república?, ¿qué importaría que el Estado de Panamá formase su censo en virtud de reglas especiales?, ¿ni qué seguridad de que el Estado estableciese por sus leyes los mismos empleados a quienes las leyes generales de la Nueva Granada encomendasen esa operación? Pero este punto no es de aquellos en que se deba insistir mucho; las consecuencias son de poca monta cualquiera que sea la parte que se adjudique, y si he preferido atribuirlo al gobierno particular del Estado, es porque no hay suficientes razones para lo contrario: las excepciones, no la regla, necesitan de justificación.

Resumiendo lo expuesto; al erigir el Estado federal, debe declararse su soberanía a que tiene perfecto derecho, y enseguida establecerse las necesarias restricciones en obsequio de la nacionalidad. Esas restricciones consisten en reservar al gobierno nacional ciertos negociados, que no deben ser sino los siguientes: 1) las relaciones exteriores; 2) la hacienda nacional (como se ha definido); 3) el pabellón y el escudo de armas; 4) lo relativo al ferrocarril de Panamá; 5) la fuerza pública empleada en la guerra; y 6) la metrología oficial.

Otros artículos del proyecto requieren examen. El 5.º me parece inútil, porque lo es prohibir todo aquello, que está juzgado y condenado. El sistema de aduanas no tiene hoy muchos partidarios, y en el Istmo puede asegurarse que no tiene ninguno. También es inútil su primera parte, si, como lo he propuesto, se declara que no haya en aquel territorio otra renta racional que el beneficio proveniente del producto del ferrocarril; y la última tiene un grave inconveniente. Pudiera la legislatura del Estado imponer una contribución marítima que no tuviese los inconvenientes del derecho de importación, y cuyo cobro no exigiese en rigor una oficina organizada como las aduanas: la frase «sistema de aduanas» es oscura y vaga, y puede dar lugar a muchas cuestiones. Creo en definitiva que vale más suprimir el artículo.

El número de diputados que según el artículo 7.º deben formar la asamblea constituyente, es muy crecido, el modo de elegir esos diputados es defectuoso. Para elegir cuarenta y un miembros conforme al método que allí se indica, sería preciso que en cada distrito parroquial se votase por ochenta y dos personas. Ahora, no solo es difícil hallar en todo el Istmo ochenta y dos personas aptas para ocupar Un asiento en la asamblea; sino que aun cuando las hubiera, no serían conocidas en cada distrito. Sucedería pues, que o la elección se haría por un cortísimo número de personas, que enviarían sus listas a cada localidad, lo que quitando la libertad y el conocimiento desvirtuaría la elección popular; o se emitirían los sufragios en cada lugar por los vecinos de él, lo que daría el triunfo al más populoso, según el principio de la mayoría relativa, y nunca serían los elegidos verdaderos representantes de todo el Estado. Parece preferible que la asamblea no conste sino de treinta y un miembros, y que ellos se elijan por las provincias en proporción a la población. De esta manera habrá quien haga el escrutinio, que en el otro caso sería impracticable, y las provincias serán representadas mientras subsistan como entidad política.

No debe ser asunto del gobierno general, como lo declara el artículo 9.º, la elección de los senadores y representantes que por el Estado de Panamá hayan de concurrir al Congreso nacional. Siendo ellos propiamente apoderados de aquella entidad soberana, su elección toca al poderdante, quien los envía, calificados ya, a tomar su asiento en la corporación a la que van a representar su Estado. ¿Ni cómo pudiera hacerse la elección de conformidad con las leyes generales, si los empleados y corporaciones que la manejan en las provincias no existiesen en el Estado de Panamá? Las reglas de elección de los representantes al Congreso norteamericano varían en cada estado de la Unión, porque ésta es una prerrogativa inseparable de su soberanía. La de los senadores se hace generalmente por las legislaturas, según lo han establecido sus constituciones.

Cuando se aprobaba el artículo 11, aún no se tenía probablemente en Ibagué noticia del mal éxito de la exploración del Darién; y se esperaba hallar muy practicable por allí un gran canal marítimo, en virtud de los falsos informes de Cullen y Gisborne. Por eso se concibió aquella disposición en que con tanto calor se reserva el gobierno general, ahora y para siempre, la intervención en las vías interoceánicas, y los provechos que de ellas puedan derivarse. Hoy que, a costa de algunas desgracias, hemos tenido la triste convicción de que la naturaleza prohíbe la comunicación acuática entre los dos océanos por nuestro Istmo, será fácil reconocer que el artículo es innecesario, una vez declarado como negocio del gobierno general todo lo relativo al ferrocarril; porque en el contrato que ha dado origen a la obra se ha concedido privilegio para toda otra semejante, y aquel camino será la única vía interoceánica por el territorio del Estado. La segunda parte es no solo inútil sino inoportuna. Porque el destino que se dé a los productos y beneficios de las vías interoceánicas, es una operación que puede establecerse cómo y cuándo a bien lo tenga el gobierno general, por leyes Conexas con el asunto.

El artículo 12 y último contiene dos ideas, de las cuales la primera es demasiado lata, y puede contrariar el principio mismo en que se funda la creación del Estado federal; y la segunda, aunque justa, se halla mal concebida. Prohibir, como lo hace la primera parte del artículo, que el Estado de Panamá altere en ningún caso los derechos garantizados a los granadinos por la constitución general, es limitar considerablemente el poder del Estado: es invertir el orden del sistema federal, y anularlo casi; pues según ese sistema, la constitución general no limita las particulares, sino recibe de ellas lo que le ceden en obsequio de la nacionalidad. Quizá no hay un artículo de la constitución general que no dé algún derecho a los granadinos, y dejarlos todos en pie es hacer imposible la constitución del Estado de Panamá. No haya miedo que él deje de garantizar por su parte todos los que no redunden en perjuicio público; pero si la especial condición de aquel país exigiese algunas pocas alteraciones en los derechos civiles, esto es, los que provienen de la legislación secundaria ¿no se dictaría ésta en parte por el gobierno general, contra el principio cardinal del sistema federativo? Y en cuanto a los derechos políticos, ¿no pudiera ser que conviniese en el Istmo imponer al ejercicio del sufragio algunas condiciones saludables de que hoy carece? Admitido, como de razón, que el sistema electoral es un asunto propio del Estado, los derechos políticos que no consistan en la elegibilidad para destinos nacionales, deben establecerse y definirse libremente por el mismo Estado.

Que no haya diferencia entre los granadinos nacidos en el Istmo y los no nacidos residentes, por lo que hace al goce de todos los derechos, es no solo justo y conveniente, sino un timbre de honor para el Estado de Panamá. Pero que se establezca la igualdad de derechos entre los habitantes del Istmo y los demás de la república que no residan allí, es cosa que a nada conduce, y debo añadir, que no puede practicarse. La constitución del Estado de Panamá no extiende su influencia fuera de aquel territorio; ¿cómo podrían pues alcanzar sus beneficios a los granadinos residentes en otras provincias? Hay evidentemente en la segunda parte del artículo un vicio de redacción, aunque la idea, que es otra diferente de la expresada, se comprende y merece que se la consagre.

Tales son las observaciones que me ocurre hacer al proyecto de que la Cámara de Representantes va a disponer definitivamente. Sus miembros en el presente año son los mismos que en el anterior declararon que una sección de la república se halla en libertad de proclamar su independencia cuando así lo quiera. ¿Cómo serían tan inconsecuentes, que le rehusasen hacer parte de la Nueva Granada, reservándose su gobierno interior por entero, sin gravar a la república, y antes bien cediéndole pingües beneficios que podría mantener para sí?

La cuestión que agito ha llamado la atención dentro y fuera de la Nueva Granada, y no es de esas que se resuelven de cualquier modo sin que nadie se aperciba de ello. Las provincias del Istmo esperan la erección del Estado como medida vital para ellas, y aun los extranjeros allí residentes la miran como salvadora de sus garantías y de los beneficios sociales que tienen derecho a gozar. En meses pasados se organizó una especie de gobierno de hecho por los extranjeros residentes en la ciudad de Colón, a falta del gobierno granadino, que desapareció por la renuncia o abandono de casi todos los empleos. Esperanzados luego los descontentos de que la reforma creando el Estado de Panamá satisfaría todas sus necesidades públicas, se resignaron a aguardar, y aguardan... Así lo confirma *El Panameño* número 548, por el período que sigue:

> El *Sun* de Nueva York se ocupa de este Istmo de Panamá. Dice que los movimientos por un nuevo gobierno en Aspinwall (Colón) estaban en *statu quo*, y que esto proviene de la esperanza

de un mejor orden de cosas, con la proclamación de un Estado soberano por el Congreso neogranadino, que se aguardaba.

Una súplica a los Representantes, y concluyo. Al resolver esta cuestión, de cuyo resultado están pendientes tantos granadinos y extranjeros, no se mire sino como esencialmente istmeña. Dar entrada a consideraciones ajenas de la suerte del Istmo, sujetar a un mismo paso al buey y al ciervo, rehusar la necesaria emancipación de aquel territorio por temor de que su ejemplo seduzca a las otras secciones, que se desea mantener uncidas al yugo central, envuelve una doble injusticia, que no sería excusable en los representantes de la Nueva Granada: la de perjudicar inútilmente a una sección, que no es sino miembro libre de una sociedad política, y ahogar por medios torticeros la voz de la nación, de que no deben ser sino ecos. Siga enhorabuena la combinación centrofederal, que para mí no tiene las ventajas del uno ni del otro sistema, y que como todas las transacciones, sacrifica los derechos de ambas partes; siga para el resto de la Nueva Granada, si le conviene y lo desea. Pero el Istmo de Panamá, que en nada se parece a las otras comarcas granadinas, quiere porque lo necesita, que su territorio reciba una organización distinta, una organización netamente federal, que no le haga por más tiempo onerosa la dependencia al gobierno supremo de otro país: dependencia aceptable, útil y honrosa, si no ataca sus derechos y sus intereses; pero altamente injusta e intolerable, si compromete los beneficios que el gobierno está destinado a producir, en dondequiera que un puñado de hombres se reúnen para llenar sus grandiosos destinos sobre la Tierra.

Bogotá, 1 de febrero, 1855.

Justo Arosemena

Documentos[4]

I. Solicitud

Ciudadanos Representantes:

La Legislatura provincial de Veraguas se dirige hoy a la Representación Nacional, felicitándola de antemano por el triunfo de la Constitución, y uniendo sus votos a los de los Senadores y Representantes del Istmo, en una cuestión cardinal para la marcha política, moral e industrial de esta importante sección de la República.

El transcurso del tiempo y los sucesos hace más y más evidente cada día la necesidad de erigir un Estado soberano en el territorio que abraza las cuatro provincias del Istmo, el cual pueda sin trabas organizarse como a bien tenga, consultando sus especiales circunstancias, y llenando urgentes y graves necesidades que nadie sino sus propios habitantes pueden apreciar.

Situada esta sección a una gran distancia del resto de la República, sin esas estrechas relaciones e igualdad de intereses que justifican la homogeneidad de la legislación, se palpa diariamente la urgencia de medidas cuya necesidad no se siente de una manera tan imperiosa en las demás partes de la Nación. Por el contrario, su localidad y su contacto con países cuyas ideas y costumbres difieren esencialmente de las de la Nueva Granada, nos han comunicado un carácter particular, que demanda así mismo leyes particulares, que, sin conocimiento y sin tiempo, no podría expedir el Congreso Nacional.

4 Véase la introducción de Rodrigo Miró Grimaldo.

Pero no es esto solo. Las nuevas instituciones políticas que se ha dado la República, han venido a colocarnos en una situación anómala y desastrosa, de que solo puede salvarnos la erección del Estado. Jamás había sufrido el Istmo las calamidades de la guerra interior, y hoy las padece, sin que podamos vislumbrar término al estado de hostilidad y desconfianza que se ha establecido entre algunas de sus provincias. Ello se explica fácilmente.

Provincias pequeñas, con escasa población, y sin gran copia de hombres que desempeñen todos los cargos públicos que hoy exige el tren provincial, no pueden por lo común hacer elecciones acertadas de sus funcionarios. Estas, por otro lado, carecen de la vigilancia inmediata de las autoridades generales políticas y judiciales superiores; y como la opinión pública, bastante débil en todos estos países españoles, lo es infinitamente más en secciones diminutas y atrasadas como nuestras provincias del Istmo, la buena conducta de un Gobernador y de un Tribunal depende únicamente de la índole personal de los individuos que desempeñen esos puestos; porque la responsabilidad, así legal como moral, no existe.

Así se experimenta en alguna provincia limítrofe e inmediata a la de Veraguas, en donde un solo hombre dispone de vidas y haciendas, sin que baste a contenerle o corregir sus demasías la acción del poder judicial, porque los tribunales de 1.ª y 2.ª instancia se hallan encerrados en el pequeño círculo a que se extiende su funesta influencia, y él solo hace ordenanzas y acuerdos, decretos y resoluciones, autos y sentencias. Nunca, Ciudadanos Representantes, se ha visto una dependencia más absoluta a la voluntad de un solo hombre, y una carencia igual de garantías para la persona y la propiedad; y esto bajo las promesas halagüeñas de una

Constitución ultrajada, y sin fuerza bastante para asegurar la realización de esas promesas.

No sucedería así teniendo el Istmo un gobierno propio y completo, un gobierno creado por el voto de todos sus habitantes, que mantuviese a raya la conducta y malas inclinaciones de los funcionarios locales, hoy sin freno, sin estímulo alguno para respetar la libertad del ciudadano, su propiedad, su honor y su vida. Los escándalos, robos y asesinatos de que son teatro algunas de nuestras provincias, y en particular la de Azuero, solo tendrán fin cuando se vigorice la acción del Gobierno, por medio de autoridades superiores que hagan efectiva la responsabilidad de las inferiores, cómplices o autores muchas veces de esos mismos atentados; y cuando una legislación civil y penal calculada para nuestras circunstancias, haga efectivas las garantías, que en vano proclama la Constitución, pues en el hecho son una triste mentira.

La Legislatura que representa, y que lo hace con el voto unánime de sus miembros, sabe que al ocurrir el crimen del 17 de abril y suspenderse en consecuencia las sesiones del Congreso, el proyecto de acto reformatorio de la constitución por el cual se crea el Estado de Panamá había sufrido sus tres debates en el Senado; y como también los había tenido en la Cámara de Representantes en 1852, solo faltaba considerar en esta Cámara las variaciones introducidas en aquella. Al ejecutarlo, sería de desear que tuvieseis presentes dos indicaciones que la Legislatura se permite hacer aquí brevemente.

En primer lugar, los límites que al Estado se fijan en el acto, según se acordó por el Senado, privan al Istmo de una gran extensión territorial que siempre le ha pertenecido, y ésta es la que compone el cantón del Darién. Para facilitar este punto sin agravio de nadie, debería decirse simplemente que el límite del Estado por el oriente es el que separa la provincia de Panamá de la del Chocó, según el mapa trabajado por el Coronel Codazzi, a virtud de la comisión que le confiriera el Gobierno.

La otra reforma que conviene introducir, consiste en adjudicar al Estado todas las tierras baldías y demás propiedades de la nación, exceptuando de las primeras las que deben darse a la Compañía del ferrocarril, y reservándose la República una parte de sus derechos a esta obra, cuyos rendimientos no dista mucho el día en que sean pingües. Esto es indispensable, porque las provincias del Istmo son en extremo pobres, y para proveer a los gastos que exige la creación del Estado necesita recursos que no pueden salir de las contribuciones, pues no hay sobre qué imponerlas, y hoy mismo se está palpando que las provincias de Panamá y Azuero no pueden cubrir sus más precisas atenciones; y aunque la de Veraguas hasta ahora ha hecho frente a sus necesidades, se debe a una estricta economía, y a las exiguas dotaciones dadas a los servidores públicos, los que es incuestionable que con su permanencia en los puestos, testifican el patriotismo que los anima.

Concluye, pues, la Legislatura conjurándoos en nombre de la humanidad, a que os apresuréis a expedir un acto reclamado urgentemente por la población del Istmo, como el único remedio a los males que hoy experimenta, como la medida preservativa de otros no menores que nos amenazan. Mientras más liberal sea él, más llenará su objeto. No olvidéis que en el cuerpo político, no menos que en el físico los remedios heroicos deben administrarse con valentía y confianza: una aplicación tímida e incompleta agravaría la enfermedad, y luego se atribuiría a la medicina el defecto que solo estuvo en el facultativo. Recordad la época en que vivimos, época de grandes innovaciones, y en que los falsos principios de edades anteriores, han dejado el campo a la filantropía y a la fraternidad.

Sala de las sesiones de la Legislatura provincial de Veraguas. Santiago, 25 de setiembre 1854. Ciudadanos Representantes. El Presidente, José Fábrega Barrera. El Diputado Secretario, Dionisio Facio.

II. Certificado

El infrascrito Senador de la República manifiesta: que la Cámara de la provincia de Azuero en sus sesiones ordinarias de 1852, elevó al Senado un informe sobre la conveniencia de erigir un Estado federal compuesto de las cuatro provincias del Istmo de Panamá. Sabe el infrascrito que ese informe ha desaparecido del archivo del Senado, y sospecha que de allí lo ha sustraído alguna persona mal intencionada, opuesta al proyecto correspondiente en que habrá de ocuparse muy pronto el Congreso; y considerándose como hijo de aquella provincia, nombrado por ella para ocupar un asiento en el Senado, particularmente obligado a coadyuvar a la realización de sus justos deseos, no ha vacilado en escribir esta manifestación, para subsanar en parte la falta de aquel importante documento.

No podría el infrascrito recordar al pie de la letra los términos en que está redactado el informe de la Cámara provincial de Azuero; mas como Presidente de ella, que lo suscribió, tiene muy presentes las consideraciones que movieron a los diputados a recomendar un proyecto generalmente deseado por los itsmeños honrados y patriotas, y que de día en día va ganando entre ellos una opinión que no dista mucho de ser ya unánime. La especialidad del Istmo con respecto a la Nueva Granada, y aun a todos los países del mundo; su clima, la índole de los habitantes, la íntima relación de sus negocios con la multitud de extranjeros que se establecen allí, o pasan para California, Ecuador, Perú, Bolivia, Chile y otros puntos, en todo lo cual difiere notablemente del resto de la Nueva Granada; y sobre todo la distancia a que se halla del Gobierno Supremo de la República, la dificultad y tardanza desesperantes de las comunicaciones, son los puntos que más fijaron las consideraciones de los diputados de Azuero. La falta de relaciones entre el Istmo y el resto de la Nueva Granada, dependiendo a pesar de esto de ella, aun para asuntos de poca consideración, es una de las fuentes de muchos males que el actual sistema hace pesar sobre el Istmo. Estando sujeto a las decisiones de un Gobierno que no conoce sus verdaderos intereses, sin el apoyo de la opinión pública de la Nación, que no puede percibir el abandono en que lo tiene, la injusticia o la ineficacia de sus actos relativos a los asuntos de aquel país, es natural la eterna queja de los istmeños por muchos males que, si fueran conocidos del Gobierno y de la Nación, al momento se harían desaparecer.

Ya tenía la naciente provincia de Azuero en 1852 una dolorosa experiencia de los males provenientes de las causas indicadas, males que han ido creciendo y aumentándose de día en día hasta haber llegado a su colmo en 1854. El Gobierno no ha podido remediarlos nunca, pero ni aun conocerlos bien; y el resto de la Nación, que por la menor cosa acaecida en cualquiera otra provincia de la República se muestra siempre tan celosa y solícita para promover el remedio, ha guardado profundo silencio sobre los atentados que en aquella se han cometido, y de seguro no tiene de ellos conocimiento.

La Cámara de la provincia de Azuero concluye su informe manifestando, que adopta las razones que en favor del proyecto de Estado federal de Panamá se hallan consignadas en el comentario con que fue presentado en 1852 a la Cámara de Representantes, y que se publicó por la prensa.

Por último, debe manifestar el infrascrito, que el informe que la Cámara provincial de Azuero elevó al Senado, mereció la aprobación unánime de sus miembros, con la sola excepción de un diputado, que, sin tomarse la inútil pena de combatirlo en lo más mínimo, se sabe que fuera de la Cámara decía no estar por el proyecto, y no votó por él.

Bogotá, 31 de enero de 1855.
Santiago de la Guardia

El Estado del Istmo

(Artículo de *El Panameño* número 549).

En la reunión ordinaria del congreso de 1855 habrá de tomarse en consideración el proyecto de reforma de la Constitución, por el cual se erige el Istmo en un Estado. Esto nos hace manifestar desde ahora nuestra opinión, que parece ser la de la mayoría de los istmeños, por lo que hemos podido traslucir. De la manera que ha salido del Senado el proyecto, no satisface a las exigencias nuestras, pues que son tantas las restricciones que se han dado al Gobierno local, que ha quedado circunscrito a las facultades que ahora tienen las Gobernaciones provinciales con sus Legislaturas. Parece que el Senado se propuso solo hacer una provincia de todo el territorio itsmeño, y tal cosa, poco o nada vale a la verdad.

Cuando se presentó el proyecto en examen por el señor Justo Arosemena en la Cámara de Representantes, se hizo con todo el conocimiento que ese ciudadano, natural de este país y versado en los negocios públicos, poseía en la materia prácticamente. La Cámara de Representantes se penetró de la conveniencia de la reforma, y la aceptó. Así, pues, es de esperarse que tomado en consideración el proyecto nuevamente por la Cámara de su origen, lo devuelva a la otra con las observaciones competentes. El Senado entonces no se opondrá a coadyuvar al bien de esta parte interesante de la Nueva Granada, que depende precisamente del acto reformatorio de la Constitución, estableciendo el Estado del Istmo con liberalidad y franqueza.

Un opúsculo se publicó por el señor Arosemena, al nacer su pensamiento del Estado del Istmo, que contiene las observaciones más importantes respecto del asunto.[5] Nosotros con este motivo esperamos se recuerden en el Senado los poderosos argumentos que adujo entonces el autor de dicho escrito, y obraron tanto para formar la opinión en favor de la erección del Estado istmeño.

Deseamos que las esperanzas de este país no queden burladas en esta parte. Si la República adoptare el régimen federal para toda ella, será excelente medida. Si esto no se lograre, comencemos a ensayar la federación por este Istmo, que más que ningún otro punto neogranadino, la necesita para el desarrollo de sus especiales intereses.

5 Se refiere a *El Estado Federal de Panamá*. (N. del E.)

Libros a la carta

A la carta es un servicio especializado para
empresas,
librerías,
bibliotecas,
editoriales
y centros de enseñanza;
y permite confeccionar libros que, por su formato y concepción, sirven a los propósitos más específicos de estas instituciones.

Las empresas nos encargan ediciones personalizadas para marketing editorial o para regalos institucionales. Y los interesados solicitan, a título personal, ediciones antiguas, o no disponibles en el mercado; y las acompañan con notas y comentarios críticos.

Las ediciones tienen como apoyo un libro de estilo con todo tipo de referencias sobre los criterios de tratamiento tipográfico aplicados a nuestros libros que puede ser consultado en Linkgua-ediciones.com.

Linkgua edita por encargo diferentes versiones de una misma obra con distintos tratamientos ortotipográficos (actualizaciones de carácter divulgativo de un clásico, o versiones estrictamente fieles a la edición original de referencia).

Este servicio de ediciones a la carta le permitirá, si usted se dedica a la enseñanza, tener una forma de hacer pública su interpretación de un texto y, sobre una versión digitalizada «base», usted podrá introducir interpretaciones del texto fuente. Es un tópico que los profesores denuncien en clase los desmanes de una edición, o vayan comentando errores de interpretación de un texto y esta es una solución útil a esa necesidad del mundo académico.

Asimismo publicamos de manera sistemática, en un mismo catálogo, tesis doctorales y actas de congresos académicos, que son distribuidas a través de nuestra Web.

El servicio de «libros a la carta» funciona de dos formas.

1. Tenemos un fondo de libros digitalizados que usted puede personalizar en tiradas de al menos cinco ejemplares. Estas personalizaciones pueden ser de todo tipo: añadir notas de clase para uso de un grupo de estudiantes, introducir logos corporativos para uso con fines de marketing empresarial, etc. etc.

2. Buscamos libros descatalogados de otras editoriales y los reeditamos en tiradas cortas a petición de un cliente.

Printed in Poland
by Amazon Fulfillment
Poland Sp. z o.o., Wrocław
18 June 2026

fdd698f6-2c25-420b-bc42-10b05d6c62f0R01